Andrea Meyer zu Natrup

"Mein liebster Rijk"

Fünf Jahre mit meinem schwerstbehinderten Kind

© Andrea Meyer zu Natrup, Großenmeer, 2002
Buchbestellung unter: Tel.: 04483-930144;
Fax: 04483-930545; e-Mail: andrea.mzn@gmx.de

Alle Rechte liegen bei der Autorin

Herstellung: Books on Demand GmbH, Norderstedt

ISBN 3-8311-3427-8

Vorwort

Dieses Buch ist unserem Sohn Rijk gewidmet.

Er kam mit einer sehr schweren Behinderung zur Welt, die als Tetraspastik bezeichnet wird und sollte ständig auf unsere Hilfe und intensive Pflege angewiesen sein.

Ich beschreibe das Leben mit einem spastisch gelähmten Kind aus der Sicht einer Mutter.

Ich erzähle von dem Schock und dem Nicht-annehmen-Können meines Schicksals, von meinen Ängsten und Enttäuschungen, aber auch von dem langsamen Hinauswachsen aus dieser seelischen Erstarrung und dem Entdecken von Stärke, Mut und neuer Lebensfreude.

Ich berichte von meinen Erfahrungen mit Ärzten und Therapeuten, meiner Suche nach der "richtigen" Therapie und von unseren Bemühungen, für Rijk Hilfe und Unterstützung zu finden.

Mit diesem Buch möchte ich den Eltern behinderter Kinder sagen, dass neben der Erschöpfung, der Angst, der Wut und der Verzweiflung die Möglichkeit vorhanden ist, eine Welt der Achtung und der Liebe gegenüber der Besonderheit unserer Kinder zu schaffen, deren Dasein sich als wunderbare Bereicherung unseres Lebens entpuppen kann.

Rijk ist im Alter von fünf Jahren gestorben.

Nach seinem Tod begann für mich eine Zeit des Nachdenkens, der Besinnung und der Verarbeitung.

Plötzlich hatte ich Zeit. Ich versuchte, die mit Rijk gelebten Situationen festzuhalten, um auf diesem Wege die Erinnerungen an ihn nicht durch die Zeit verblassen zu lassen.

Endlich konnte ich vieles sagen, was ich jahrelang gedacht und gefühlt, jedoch aufgrund meines täglichen Gefordertseins durch meine Kinder nie festgehalten hatte. Aus diesen Niederschriften wurde ein umfangreicher Text, der meine Schritte auf dem Weg in ein lebenswertes, ausgefülltes und reiches Leben mit der Behinderung meines Sohnes zeigt - ein Weg, der Rijk und mir tiefe Glücksmomente schenkte.

Die Geburt und die ersten Wochen

Rijk wurde als Sonntagskind geboren.

Mein Mann Fritz und ich freuten uns auf das neue Familienmitglied. Aike, unser erstes Kind, war eineinhalb Jahre alt und unsere Familie sollte durch ein Geschwisterchen "komplett" werden.

Die Schwangerschaft verlief problemlos. Ich besuchte regelmäßig einen Kursus für werdende Mütter und glaubte auf das bevorstehende Ereignis gut vorbereitet zu sein.

Der errechnete Termin war um 7 Tage überschritten, als ich plötzlich starke Wehenschmerzen bekam. Wir fuhren schnell zur Klinik, denn die kurzen Zeitabstände zwischen den Wehen zeigten, dass Eile geboten war.

Als wir auf der Entbindungsstation ankamen, stellte sich jedoch bei der Eingangsuntersuchung heraus, dass sich der Muttermund kaum geöffnet hatte und ich entgegen meinen Erwartungen noch ganz am Anfang der Geburt stand.

Auf der Station waren mehrere Frauen, die hier ihr Kind zur Welt bringen wollten und es herrschte eine Atmosphäre der Hektik und Unruhe. Nach der Aufnahmeuntersuchung kam die Hebamme regelmäßig in unser Zimmer, um den Wehenschreiber und die Herztöne des Kindes zu überprüfen. Ich empfand die Wehen sehr deutlich und stark, doch die Daten des Wehenschreibers stimmten mit meinen Empfindungen nicht überein.

Die Betriebsamkeit auf der Station hatte zur Folge, dass die Hebamme nie länger als ein paar Minuten bei uns verweilte. Sie erkundigte sich nach meinem Befinden, aber ich fand kein Vertrauen, mich in meiner Unsicherheit an sie zu wenden. Es blieb zu wenig Zeit für ein Gespräch, in dem ich mein "Aber ich..." hätte sagen können. Wenn sie die Apparate überprüfte und mir zu verstehen gab, dass alles völlig normal verlief, wollte ich nicht als "Zimperliese" dastehen. Ich war einfach nicht in der Lage, mehr Hilfe und Unterstützung einzufordern, fand aber auch von der anderen Seite nicht das Verständnis oder das Einfühlungsvermögen, das mich hätte auffangen können.

Tief in mir hatte ich das Gefühl, als wenn das Kind trotz der Wehen nicht weiterkommen würde. Fritz, der meine Angst spürte, war ebenfalls verunsichert und äußerte seine Bedenken. Wir wurden nochmals beruhigt und ich wurde aufgefordert, mich besser zu entspannen. Immer wieder wurde uns gesagt, dass wir keinen Grund zur Sorge hätten und dass es dem Kind gut gehe. Deutlich hörten wir die Herztöne, bekamen aber gleich Angst, wenn sie plötzlich verschwanden. Die Hebamme suchte sie und es stellte sich heraus, dass das Kind sich nur gedreht hatte.

Ich versuchte also krampfhaft, mich zu entspannen. Fritz hielt meine Hand, massierte meine Füße und half mir, andere Sitz- bzw. Liegepositionen zu finden.

Der Gedanke, dass irgendetwas nicht so war, wie es sein sollte, blitzte aber immer wieder auf. Alle guten Vorsätze für die Geburt verflüchteten sich zunehmend. Mir wurde kalt und ich fühlte mich kraftlos. Die Angst kroch von unten durch meinen Körper, breitete sich aus und besetzte meine Empfindungen. Ich war Gefangene der in mir tosenden Schmerzwellen und versank mehr und mehr in das Wüten meines Körpers, dem ich nicht so hilflos ausgeliefert sein wollte.

Von meinem Bett aus konnte ich in den Himmel schauen, sah die Wolken und verlor mich in ihnen. Gedanklich rief ich nach den Mächten, die mir helfen sollten. Die aufgehende Sonne beschien die vom Wind getragenen Wolken und es entfaltete sich ein prächtiges Farbenspiel. Ich klammerte mich an dieses Bild, wollte Teil dieser Leichtigkeit sein, in diesem Wunderschönen mitschweben und von ihm getragen werden. Ich entfernte mich von dem Geschehen um mich herum, betrachtete mein Wolkenkind, versank in die Rot-Gold-Töne des Himmels, in das Rot meines Körpers, meines Blutes, meines Lebens, das eins zu werden schien mit dem Himmel.

Durch den Sog der Schmerzen immer wieder aus dieser Vorstellung gerissen, rief ich mein Kind, das aus jener Welt kam, zu mir und sagte ihm in meinen Gedanken, dass ich hier auf sein Kommen warte und es mit Liebe empfangen werde.

Man spritzte mir irgendwann ein wehenförderndes Mittel. Ich versank nun vollends in das gewaltige Zusammenziehen und Pressen, das mein Kind aus meinem Körper hinausdrückte. Ich fühlte nur noch den Schmerz, der mich überrollte und der mich mit seiner ganzen Macht festhielt.

Von weit, weit her konnte ich Rufe vernehmen, die mir sagen sollten, dass ich es bald geschafft habe, dass mein Kind komme, dass nun endlich die letzte Phase der Geburt begonnen hatte.

Rijk wurde geboren.

Er wurde zu mir gelegt und endlich konnte ich ihn in meinen Armen halten. Ich fühlte seine Hände und Füße, spürte sein Herz, seine Atmung und legte meine Hand schützend auf seinen winzigen Rücken.

Die Hebamme legte ihn nach kurzer Zeit in ein Wärmebettchen. In seiner Zartheit lag er nun da und sein kleiner Körper erholte sich von den Anstrengungen der Reise. Rijk schien sehr geschwächt zu sein, seine Haut war bläulich, seine Atmung flach und unregelmäßig. Man sagte mir, dass sich das Fruchtwasser verfärbt hatte und dass Rijk ein bisschen Zeit brauche, um sich von der anstrengenden Geburt zu erholen.

Nachdem ich medizinisch versorgt worden war, wurde er wieder zu mir gelegt. Die Hautfarbe hatte sich normalisiert, die Atmung war kräftiger. Die APGAR-Werte, die unmittelbar nach der Geburt bei 7 lagen, hatten sich nach 10 Minuten auf 9 stabilisiert. Die

Untersuchungen zeigten, dass uns ein gesundes Kind geschenkt worden war.

Schweigend genossen wir diesen Augenblick, nahmen Rijks kleine Hände, streichelten sein Köpfchen. Er war 52 cm groß, wog 3260g und hatte einen Kopfumfang von 33 cm. Er hatte dunkle Haare und wirkte sehr fein.

Ich hatte einen wunderhübschen kleinen Jungen geboren.

Rijk bekam sein Namensbändchen und die Hebamme gratulierte uns zu unserem Sohn. Wir empfanden eine tiefe Dankbarkeit dafür, ein gesundes Kind geschenkt bekommen zu haben.

Ich versuchte, ihn das erste Mal zu stillen. Wohlig lag er in meinen Armen und schlief an meiner Brust nuckelnd ein.

Nachdem ich später in mein Zimmer gebracht worden war und Rijk wach wurde, versuchte ich ihn nochmals zu stillen. Er trank aber nur schwach und schien sehr müde zu sein.

Auch beim dritten Versuch wollte er nicht richtig trinken. Die Ärzte erklärten mir diese Unlust mit einer nachgeburtlichen Erschöpfungsphase, die er jedoch in den nächsten Tagen sehr wahrscheinlich überwinden würde.

Später beobachtete Fritz, dass Rijk beim Weinen den rechten Mundwinkel nach unten zog. Nach Einschätzung der Ärzte war der untere Lippenbereich während der Geburt gequetscht worden und deswegen vorübergehend gelähmt. Neben seiner Müdigkeit sollte Rijk auch deswegen nicht die notwendige Kraft zum Saugen entwickeln können und man riet uns, ihm neben dem Stillen die Flasche anzubieten. Die Ärzte versicherten mir, dass sich die Kinder in der Regel von diesen Beeinträchtigungen innerhalb der ersten 7-10 Tage erholen und dann normal gestillt werden könnten.

So verbrachte ich die erste Nacht zwar glücklich, aber etwas beunruhigt, im Krankenhaus.

Am folgenden Tag wurde Rijk nochmals untersucht und zu meiner Erleichterung waren alle Ergebnisse zufriedenstellend.

Wir hatten eine ambulante Geburt geplant, bei der, sofern keine Komplikationen auftraten, die Geburt in der Klinik, die weitere Wochenbettpflege aber zu Hause stattfinden sollte.

Hier wollten wir die erste Zeit mit den Kindern zusammen genießen. Die Wochenbettpflegerin sollte zweimal täglich kommen, um mich und Rijk zu betreuen.

Ich genoss die Ruhe und Vertrautheit meiner gewohnten Umgebung. Aike, der damals eineinhalb Jahre alt war, konnte Rijk in aller Ruhe kennen lernen. Er legte sich oft zu mir und wir liebkosten Rijk. Ich fand es wunderschön, Rijk und Aike bei mir zu haben und von meinem Mann verwöhnt zu werden. Wir fühlten uns zutiefst glücklich. Als stolze Eltern guckten wir uns die Babyfotos von Aike an und erkannten zwischen den beiden Geschwistern sehr viel Ähnlichkeiten.

Ich sah unsere Zukunft in den schönsten Farben.

Auch Rijk schien sich wohl zu fühlen. Er lag als kleines, wonniges Baby in seiner Wiege und schlief.

Da er an der Brust nicht ausreichend gestillt werden konnte, besorgten wir uns eine Milchpumpe, so dass er die Muttermilch aus der Flasche trank. Durch Ausprobieren verschiedener Sauger gelang es uns, ihm genug Milch zu geben. Weiterhin versuchte ich mit Unterstützung der Wochenbettpflegerin, ihn anzulegen und zum Trinken an der Brust zu bewegen.

Die U2, die am sechsten Tag nach der Geburt durchgeführt wurde, zeigte neben der von uns beschriebenen Trinkproblematik keine anderen Auffälligkeiten. Der Arzt bat uns jedoch darum, die weitere Entwicklung bezüglich der Trinkschwierigkeiten sorgsam im Auge zu behalten.

Fritz beantragte bei der Krankenkasse eine Verlängerung der Wochenbettpflege. Ich fühlte mich nicht in der Lage, Rijk alleine zu versorgen, denn das Trinken mit der Flasche dauerte sehr lange und Rijk musste durch verschiedene Stimulationen dazu angeregt werden, die Mindestmenge auch wirklich zu sich zu nehmen. Die Pflegerin konnte ihn durch verschiedene "Tricks" zum Trinken bewegen. Sie war dabei sehr geschickt und ich hatte Schwierigkeiten, diese Handhabungen zu lernen. Bei mir schlief Rijk sehr schnell ein und wurde nicht satt.

Ein paar Tage später lehnte er die Brust endgültig ab. Verweigernd drehte er den Kopf beim Anlegen zur anderen Seite und begann zu weinen. Ich war enttäuscht, denn ich hätte Rijk sehr gerne ein paar Monate gestillt und hatte gehofft, dass sich das Trinken an der Brust vielleicht später noch entwickeln würde.

Mein Bruder, der in Münster als Zahnarzt in der Klinik gearbeitet und über einen Kollegen von ähnlichen Trinkproblemen gehört hatte, riet uns, Rijk in der Zahnklinik vorzustellen und ihn dort auf ein "Pierre-Robin-Syndrom" hin untersuchen zu lassen.

Bei dem "Pierre-Robin-Syndrom" können die Kinder aufgrund einer Fehlstellung des Unterkiefers nicht richtig trinken. Ihnen fehlt die Möglichkeit, den zum Saugen nötigen Unterdruck zu entwickeln.

Wir fuhren also nach Münster, um ausschließen zu können, dass es neben der Lippenlähmung noch andere Ursachen für die Trinkschwäche gab.

Bei der Untersuchung wurde festgestellt, dass Rijk tatsächlich einen sehr kleinen Unterkiefer hatte, der auffallend weit zurück lag und uns wurde geraten, bei einer weiteren Verschlechterung eine kieferorthopädische Behandlung in Betracht zu ziehen.

Man zeigte mir die verschiedenen Möglichkeiten und bat mich, Rijk in absehbarer Zeit in einer Kinderklinik gründlich untersuchen zu lassen, damit er dann später eventuell in die Zahnklinik aufgenommen werden konnte.

Wir fuhren zurück nach Oldenburg und vereinbarten einen baldigen Termin in der hiesigen Kinderklinik.

Das Füttern mit der Flasche dauerte inzwischen pro Mahlzeit eine bis eineinhalb Stunden. Rijk war oft sehr schwach und müde. Nach fünf bis zehn Schlucken musste eine Pause eingelegt werden, um ihn dann nach dieser Unterbrechung erneut zu wecken, damit er weitertrank.

Die Wochenbettpflege lief aus, denn eine weitere Verlängerung wurde seitens der Krankenkasse abgelehnt. Auch Fritz musste seine Arbeit wieder aufnehmen.

Ich hatte jetzt, mit beiden Kindern allein, nicht die notwendige Ruhe und Zeit, die Rijk beim Füttern brauchte und musste meine Bemühungen dauernd unterbrechen.

Oft ging ich dazu über, ihm den in der Flasche verbliebenen Rest der Milch mit dem Löffelchen einzutrichtern, damit er die Mindestmenge zu sich nahm.

Schleichend schienen sich die Probleme beim Füttern zu intensivieren, doch ich dachte, dass meine veränderte Situation Ursache dafür sei. Manchmal hatte ich den Eindruck, dass Rijk die Milch nicht schlucken konnte, fast sah es so aus, als ertrinke er beim Füttern. Er verschluckte sich und hustete. Vielleicht wollte ich auch eine weitere Verschlechterung der Trinksituation nicht wahrhaben und fand viele Gründe seitens meiner neuen Lebenssituation, die diese Probleme erklären konnten.

Ich bat meine Mutter, die 120 km entfernt wohnte, für die nächsten Tage zu uns zu kommen. Sie erkannte sehr schnell meine Notlage und sah, dass ich durch Rijks Trinkprobleme überfordert war. Sie ahnte wohl, dass sich diese Situation nicht kurzfristig ändern würde und wir suchten gemeinsam nach einer Lösung. Meine Mutter hatte die Idee, sich bei Einrichtungen zu erkundigen, die familienentlastende Dienste anboten und mir eventuell helfen konnten, diese Anfangsprobleme besser zu bewältigen.

Sie zog telefonisch Erkundigungen ein und sprach unter anderem mit der Leiterin der hiesigen Sozialstation.

Schon am folgenden Tag bekamen wir die vorläufige Zusage, dass ich in der nächsten Zeit von einer Frau unterstützt werden würde, die Erfahrungen mit Kindern hatte und sich während ihrer Anwesenheit im Haus um Rijk bemühen sollte.

Das Annehmen dieser Hilfe war für mich zunächst sehr befremdend. Es fiel mir schwer, meine Situation als tatsächliche Notlage zu betrachten. Aber ich war auch erschöpft und dankbar für jede Entlastung.

So kam Anne in unser Haus. Wir verstanden uns gut und ich gewann sehr schnell Vertrauen. Sie hatte Zeit und viel Erfahrung mit Säuglingen. Sie wiegte Rijk und fütterte ihn sehr geduldig mit der Flasche, was zwar sehr lange dauerte, aber dazu führte, dass sich seine Trinkfähigkeit in dieser Zeit sogar verbesserte. Die Situation schien sich zu normalisieren.

Ist Rijk ein richtiger Spastiker?

Bald fuhren Fritz und ich mit Rijk in die Kinderklinik. Der Arzt untersuchte ihn sehr gründlich, er kontrollierte wiederholt seine Reflexe und fragte nach dem Verlauf der Geburt.

Nach langem Zögern sagte er uns, dass unser Kind Anzeichen einer spastischen Lähmung zeige, deren Tragweite er noch nicht abschätzen könne, die aber neben den Auswirkungen auf seine Bewegungskoordination sicher auch Mitursache für seine Trinkschwäche wäre.

Völlig überrascht versuchte ich, das eben Gesagte aufzunehmen. Ich konnte mit dem Begriff "spastische Lähmung" wenig anfangen und fragte mich, ob dieser Mann uns sagen wollte, dass mein Rijk ein richtiger Spastiker sei, d.h. ein Mensch, der sich irgendwie gar nicht richtig bewegen kann. Oder konnte er es doch? Waren Spastiker nicht die Leute, die mit verkrampften Gliedmaßen in Rollstühlen saßen und deren Gesichter so verzerrt und erstarrt wirkten?

Mich beschlich tiefste Angst. Der Arzt bemühte sich, mich zu beruhigen, aber ich konnte einfach nicht verstehen, wieso mein hübsches Baby spastisch gelähmt sein sollte. Nur wegen der Trinkprobleme? Dumpf tauchten vor meinen Augen Bilder auf, die ich jedoch mit Rijk nicht in Verbindung bringen wollte.

Der Arzt erklärte mir, dass eine Spastik manchmal nicht direkt nach der Geburt feststellbar sei, ja, dass es sogar relativ häufig vorkomme, dass sich die spastische Lähmung erst nach Monaten zeige.

Es sei nicht möglich zum gegenwärtigen Zeitpunkt zu sagen, inwieweit Rijk später durch diese Bewegungsstörung beeinträchtigt sein würde, doch dank der heutigen Therapiemöglichkeiten könne man die Entwicklung des Kindes sehr gut fördern. Unbedingt ratsam sei es daher, Rijk stationär aufzunehmen, um durch weitere Untersuchungen eventuell die Ursache abzuklären und eine frühzeitige Behandlung einzuleiten.

Rijk kam nun in die Kinderklinik. Er war fünf Wochen alt. Wir bekamen ein "Mutter-Kind-Zimmer", sodass ich bei ihm bleiben konnte.

Mir blieb keine Zeit des Überdenkens, des Reagierens. Wir befanden uns von einem Moment auf den anderen in einer völlig neuen Situation, die für mich nicht zu erfassen war. Ich dachte über das Wort "Bewegungsstörung" nach und wurde dabei in das Stationszimmer geführt, in das ich eigentlich gar nicht wollte.

Hier fragte mich der Stationsarzt jetzt sehr eingehend nach Rijks Trinkverhalten. Ich erzählte ihm, wie oft er am Tag welche Mengen zu sich nahm und wie sich das Füttern gestaltete. Ich war geneigt, unsere Probleme zu verharmlosen, Rijks Nahrungsverweigerung weniger gravierend erscheinen zu lassen, und beschrieb ausführlich die Fortschritte, die durch Anne in den letzten Tagen möglich geworden waren.

Der Arzt zeigte sich davon jedoch wenig beeindruckt und machte mir den Vorschlag, Rijk zunächst eine Magensonde legen zu lassen, damit sein Nahrungsbedarf abgedeckt sei. Zögernd stimmte ich zu.

Kurze Zeit später führte eine Schwester einen kleinen Schlauch durch Rijks Nase, der durch den Rachenraum über die Speiseröhre bis zum Magen weitergeleitet wurde. Beim Legen der Sonde weinte er und ich wusste nicht, ob meine Zustimmung richtig gewesen war.

Am folgenden Tag erklärte man mir in einem Gespräch, dass eine Bewegungsstörung wie die spastische Lähmung auf eine Fehlsteuerung oder -schaltung des Nervensystems zurückzuführen sei. Das Gehirn, das die Impulse für eine Bewegung gibt, konnte bei Rijk verletzt worden sein.

Um sich zunächst ein Bild machen zu können, wollte man ein EEG durchführen, das die Weiterleitung der Impulse im ZNS (Zentrales Nervensystem), die über minimale elektrische Ströme verläuft, sichtbar macht. Durch eine Computertomographie konnte man sehen, wieweit sich das Gehirn normal entwickelt hatte oder ob Fehlbildungen oder Verletzungen vorlagen. Eventuell würde man später noch eine Lumbalpunktion (Entnahme von Gehirnflüssigkeit über das Rückenmark) vornehmen müssen. Zusätzlich sollten verschiedene Stoffwechseluntersuchungen anhand des Serums, des Liquors und des Urins vorgenommen werden.

Das Wort Hirnverletzung versetzte mich augenblicklich in eine Art Schockzustand. Ich verstand wenig von diesem ganzen Vokabular, aber mir wurde klar, dass diese kleine Auffälligkeit, die Rijk bisher gezeigt hatte, weitgreifende Ursachen haben konnte.

War Rijk wirklich so krank?

Was mir erklärt wurde, war für mich nicht fassbar und ich hoffte, dass die Untersuchungsergebnisse meine innerliche Verweigerung bestätigen würden.

Ich fixierte mich auf die Annahme, dass Rijk eine geringfügige Stoffwechselkrankheit habe, die, wenn wir Glück hatten, medikamentös behandelt werden konnte. Vielleicht versuchten die Ärzte, meinen Hoffnungen durch verschiedene Hinweise nicht allzu viel Nahrung zu geben, doch diese wurden von mir beflissentlich überhört.

Immer wieder fragte ich den Stationsarzt, wie die Folgen einer solchen Krankheit aussehen würden, ob es eine Chance geben würde, Rijk durch die Gabe verschiedener Medikamente zu helfen. Er gab mir keine konkrete Antwort und riet mir stattdessen, zunächst einmal die Ergebnisse abzuwarten.

Ich war aufgewühlt und musste meine Angst unterdrücken. Ich bemühte mich, meine Gedanken zu sortieren, meine Gefühle zu kontrollieren und wachsam zu sein.

So saß ich mit meinen Gedanken allein in diesem Zimmer und fing an, Rijk mit anderen Augen zu beobachten. Wenn er mich ansah, war sein Blick so klar, dass ich mir eine geistige Behinderung nicht vorstellen konnte. Sollte ich mich als Mutter so täuschen können?

Schwebte Rijk vielleicht sogar in Lebensgefahr?

Ich versuchte, diese Gedanken zu verdrängen, und tatsächlich boten mir die verschiedenen Untersuchungstermine der nächsten Tage und die Versorgung von Rijk genug Möglichkeiten, nicht zum bewussten Nachdenken zu kommen.

Nachts aber wurde ich wach, versuchte etwas Ordnung in meine Gefühle zu bringen, fing an sie aufzuschreiben und machte damit mein Tagebuch zu meinem "Gesprächspartner", dem ich ohne Scham meine angstvollen Phantasien erzählen konnte. Immer wieder weckte ich Rijk, um zu sehen, ob er noch lebte, sprach ihm Mut zu, sagte ihm, dass er bei mir bleiben sollte, dass alles besser werden würde, wenn wir diese Zeit im Krankenhaus hinter uns gebracht hätten.

Rijk wurde zunehmend unruhig, er wimmerte sehr viel und ich wusste nicht, ob er vielleicht Schmerzen hatte. Er fühlte sich nur wohl, wenn ich ihn in meinen Armen trug, mit ihm umherging und ihm dabei leise Melodien vorsummte.

Ich selbst bewegte mich dabei völlig übermüdet in einem tranceähnlichen Zustand, hielt seine kleine Hand und verlor mich in dem Wiegen meiner Schritte. Wie eine Perle fühlte ich Rijk in meinem Arm. "Ja, du bist meine Perle - und ich werde dich beschützen. Ich werde dich und deinen Glanz behüten, so wie eine Muschel ihren Schatz in sich bewahrt und ihn in ihrem Schutz wachsen lässt. Meine Schale wird härter werden, im Laufe der Zeit, schon jetzt spüre ich kleine Veränderungen, doch dein Leben wird sie immer nah bei sich fühlen."

Durch meine nächtlichen Niederschriften wurde mir bewusst, dass ich mich genauer über die verschiedenen Krankheitsbilder informieren musste, damit ich als Mutter ungefähr abwägen konnte, ob die verschiedenen Untersuchungen für Rijk sinnvoll waren. Ich wollte mir ein Bild von dem machen, was auf uns zukommen konnte.

Ich besorgte mir in einer nahegelegenen Buchhandlung Literatur, die die Behinderung durch eine spastische Lähmung zum einen aus medizinischer Sicht, zum anderen als Lebensbericht eines erwachsenen Betroffenen sehr persönlich schilderte und erklärte. Wenn Rijk nachts schlief, studierte ich meine Bücher.

Rijk zeigte laut der Untersuchungen bestimmte Bewegungen und Reflexe, die nicht denen eines gesunden Säuglings seines Alters entsprachen. Der fehlende oder deutlich unterentwickelte Schluckreflex verwies auf eine neurologische Störung, auf eine Fehlleistung des Zentralen Nervensystems.

Das ZNS ist bei einem Embryo zunächst als Strang aus Nervengewebe angelegt. Es unterteilt sich nach wenigen Wochen in Gehirn- und Rückenmark. Später entwickeln sich im Hirnbereich das Stammhirn, Kleinhirn und Großhirn.

Vom Gehirn aus werden die Impulse der Bewegung gegeben und gesteuert und über die Nervenfasern des ZNS zum peripheren (äußeren) Nervensystem und zu den Muskeln geleitet, die dann eine Bewegung ausführen.

Das Kind lernt in seiner Entwicklung immer differenziertere Bewegungen, was bedeutet, dass sich dieses komplizierte Gebilde des ZNS unentwegt weiterentwickelt und stabilisiert. Von außen kann dieses beobachtet werden durch den Aufbau neuer Bewegungsmöglichkeiten und durch den Ersatz der "primitiven" Bewegungen durch differenziertere. Auch der Abbau einzelner Reflexe zugunsten eines neu erworbenen Handlungsmusters gibt Hinweise für das neurologische Alter eines Kindes.

Bei einem Kind, das eine Schädigung des ZNS in der Schwangerschaft, während der Geburt oder zu einem späteren Zeitpunkt erlitten hat, kann sich diese durch eine verzögerte oder abweichende Entwicklung der üblichen Bewegungsmuster zeigen. Bestimmte Reflexe und Bewegungsmuster können sehr früh auf eine Schädigung hinweisen, andere wieder sind erst später erkennbar. Nicht selten werden bei spastisch gelähmten Kindern die Fehlleistungen des ZNS erst nach Monaten sichtbar.

Ich las in den Büchern, dass spastisch gelähmte Menschen Verkrampfungen zeigen, die entweder einzelne Gliedmaßen oder den ganzen Körper betreffen können. Das Ausmaß dieser Lähmung kann sehr unterschiedlich sein. Neben einer leichten Spastik, die für einen Laien kaum wahrnehmbar ist, kann die Beeinträchtigung aber auch so stark sein, dass diese Menschen fast bewegungsunfähig sind. Der Muskeltonus ist dabei entweder zu hoch, zu angespannt oder zu niedrig, d.h. der Mensch sackt in sich zusammen, kann sich nicht halten. Mischformen kommen am häufigsten vor. So können bei einem Spastiker z. B. die Beine in Erstarrung überstreckt sein, während er im Oberkörper oder Rumpf zu wenig Stabilität hat, um sich zu halten. Da sich die Behinderung auch auf die Sprachmuskulatur auswirken kann, ist es vielen unmöglich fließend zu sprechen. Auch hier kann die Behinderung ein Spektrum von einer leichten sprachlichen Undeutlichkeit bis hin zur schweren Form des Verlustes der artikulierten Sprache einnehmen.

Ich las meine Bücher und das diffuse Bild der möglichen Erkrankungen konkretisierte sich etwas, wobei trotzdem alles offen zu sein schien. Ob Rijk, wenn überhaupt, mit leichten Einschränkungen oder sogar mit einer schweren Behinderung leben musste, wusste ich nicht.

Die Tage in der Klinik vergingen, ohne dass die Untersuchungen eine Klärung der Grunderkrankung bei Rijk möglich machten.

Inzwischen hatte er sich einen Leistenbruch und einen Nabelbruch zugezogen. Es ging ihm nicht gut und er äußerte dieses durch ständiges Wimmern.

Zum Glück blieb das EEG unauffällig, und auch die Computertomographie zeigte keine Fehlbildungen oder Verletzungen. Keine Untersuchung verwies auf eine wirklich schwerwiegende Erkrankung.

Rijk wurde mehrfach Blut abgenommen und ich versuchte ihn zu trösten, indem ich ihn meine ganze Wärme spüren ließ. Ich ging mit ihm zu den einzelnen Untersuchungsterminen, war bei ihm und betete, dass die Ärzte nichts finden mögen.

Schließlich kam die Lumbalpunktion, vor der ich mich fürchtete. Rijk wurde örtlich betäubt und schien nichts von dem Einstich und der Gehirnflüssigkeitsentnahme zu spüren. Er verhielt sich ruhig.

Auch nach dieser Untersuchung konnte man uns nichts Neues sagen.

Erleichtert hielt ich mich an dem Gedanken fest, dass sich die schlimmsten Befürchtungen nicht bestätigten, auch wenn ich täglich sah, dass es Rijk schlechter ging.

Manchmal, wenn er sich unwohl fühlte, überstreckte er sich so sehr, dass ich ihn schlecht in den Armen halten konnte. Seine Arm- und Beinmuskeln konnten unwahr-

scheinlich hart werden. Vorsichtig fragte ich die Krankengymnastin, die täglich zu uns kam, um mir verschiedene
Übungen zu zeigen, wie sie denn die Schwere der Spastik
bei Rijk einschätzen würde. Sie schien aber einer konkre-
ten Antwort ausweichen zu wollen und gab mir kein Bild,
das mir mehr Klarheit hätte geben können.

So verbrachten wir weitere Tage in der Klinik, ohne dass
eine Klärung der Grundproblematik gefunden werden
konnte.

Nachmittags durfte ich mit Rijk spazieren gehen. Neugie-
rige Damen schauten in den Kinderwagen, um ein süßes
Baby zu sehen. Sobald sie aber den Sondenschlauch
sahen, der an Rijks Wange mit einem Pflaster festgeklebt
war, zeigten sie ihr Befremden. Ich bekam erste Ahnungen
davon, wie sich das Leben mit einer augenscheinlichen
Andersartigkeit anfühlt.

Täglich kam Fritz mit Aike, um uns zu besuchen.
Manchmal wechselten wir uns im Krankenhaus ab, sodass
ich mit Aike nach Hause fahren konnte. Er klammerte sich
mit seinen eineinhalb Jahren an mich und wollte nicht
wieder loslassen. Wie sollte ich ihm erklären, was
geschehen war?

Diese Szenen brachten mich immer wieder zum Weinen.
Ich fühlte mich hin- und hergerissen. Aike durfte aufgrund
der Ansteckungsgefahr nicht auf die Kinderstation. Ich
konnte ihm weder das Zimmer zeigen, in dem ich mit Rijk

"wohnte", noch hatten wir, abgesehen von dem Vorflur, Möglichkeiten über längere Zeiträume zusammen zu sein.

Als alle Untersuchungen abgeschlossen waren, wollte ich nur noch nach Hause. Die Ärzte waren aufgrund ihrer Verantwortung diesem Anliegen gegenüber nicht gerade aufgeschlossen. Sie glaubten, uns nicht ohne weitere Untersuchungen oder Beobachtungen gehen lassen zu können. Der Stationsarzt kam mir schließlich entgegen und erklärte den leitenden Ärzten, dass ich neben Rijk noch ein anderes Kleinkind zu versorgen hätte.

Uns wurde dringend geraten, Rijk anderen Neuropädiatern vorzustellen, die sich auf das Gebiet der Zerebralparese spezialisiert hatten. Hier sollte Rijk u.a. einer Nerv-Muskel-Biopsie unterzogen werden, bei der durch eine Gewebeentnahme verschiedene Untersuchungen vorgenommen werden konnten.

Wir entschieden uns für die Kieler Universitätsklinik und konnten mit dieser Zusage nach Hause fahren. Der dortige Aufnahmetermin ließ uns eine Krankenhauspause von einem Monat. Bis dahin wollten wir die hier getroffene Entscheidung überdenken und hofften insgeheim auf eine Besserung Rijks Situation.

Wie glücklich war ich über diesen kurzen Moment der Normalität. Ich sehnte mich danach, noch einmal meine kleine unbeschwerte Familie zu haben.

Aike freute sich riesig, als ich wieder nach Hause kam. Trotz dieser Freude konnte ich aber während der folgenden Tage und Wochen meine sorgenvollen Gedanken um Rijk nicht abschalten, denn entgegen unserer Hoffnung nahmen seine Probleme zu und beeinträchtigten unser Leben.

Rijk musste Tag und Nacht alle 2-3 Stunden sondiert werden, um die Minimalmenge an Milch zu bekommen. Er erbrach die eingeflößte Nahrung immer wieder und zog sich, trotz seiner Hilflosigkeit, die Sonde während er schlief. Da wir ihn nicht mit der Flasche füttern konnten, fuhren wir immer wieder ins Krankenhaus, um eine neue Sonde legen zu lassen. Ich verfluchte diese Fahrten, war aber darauf angewiesen.

Hinzu kam eine wachsende Unruhe und das ständige Wimmern. Rijk wurde zunehmend steifer, wirbelte mit seinen kleinen Armen herum und war schwer zu beruhigen. Stundenlang musste ich ihn tragen. Wollte ich ihn zu mir legen, ihn mit in mein Bett nehmen, begann er sich zu überstrecken und fing an zu weinen.

Wie neidisch war ich jetzt auf all die Eltern mit ihren wonnigen Babys, deren Hauptsorge darin zu bestehen schien, welche Windel und welche Milch nun für ihr Kind die Richtige sei. Ich sah sie vor mir, diese kleinen Babys, die nachts wach werden und danach schreien, gefüttert oder gestillt zu werden und dann wohlig einschlafen, den Eltern ein paar Stunden Schlaf gönnen bis zur nächsten

Mahlzeit, die sie wiederum sättigt und sie ein Stück wachsen lässt. Mir erschien dieses wie ein Schrei nach Leben. Wie gerne wäre ich diesem Ruf gefolgt.

Rijk dagegen war lustlos, er schrie nicht aus Gier nach Gestillt-werden-Wollen. Nein, er war geradezu lebensverneinend, sein Weinen glich eher einem Jammern. Dieses leise, kraftlose Wimmern tat mir so weh. Mein Kind litt, und nichts schien ihm helfen zu können.

Ich war gereizt und manchmal auch wütend auf Rijk, auf all die gesunden Babys, auf deren Eltern und auf die ganze Welt, die sich gegen mich stellte.

Fritz bezweifelte, ob ein erneuter Klinikaufenthalt gut für Rijk sei. Er sollte endlich ein Nest haben, das ihm Ruhe und Geborgenheit bieten konnte. Unser Leben aber so fortzuführen, wie es im Moment war, konnten wir uns auch nicht vorstellen. Ich wollte nur, dass sich irgendetwas an dieser unerträglichen Situation änderte und erhoffte mir durch einen erneuten Klinikaufenthalt einen Ausweg.

Da wir kaum Ruhe fanden, waren wir nicht mehr in der Lage, wirkliche Entscheidungen zu treffen. Die Wochen vergingen und der Termin in Kiel rückte damit immer näher. Wir waren ratlos und führten wenig Gespräche.

Schließlich entschieden wir uns doch dafür, nach Kiel zu fahren, da wir glaubten, ein Versäumnis nicht verantworten zu können.

Unser Klinikaufenthalt in Kiel

Für die stationäre Aufnahme in der Kieler Universitätsklinik waren circa zwei Wochen vorgesehen.

Fritz konnte aus beruflichen Gründen erst zwei Tage später mit Aike nachkommen. Wir hatten uns in der Kieler
Förde ein Zimmer gemietet und wollten uns im Krankenhaus abwechseln.

Da es inzwischen sehr warm geworden war, fuhr ich
nachts. Die Wärme im Auto wäre für Rijk zu belastend
gewesen, zumal er ja nicht trinken konnte. Er schlief während der Fahrt bis morgens 5 Uhr. Wir hatten bereits die
Hälfte der Strecke hinter uns gebracht, als ich auf einer
Autobahnraststätte anhielt, um ihn zu sondieren.

Es war sehr voll, denn es war gerade Ferienbeginn. Ich
vernahm fröhliches Gelächter von draußen.

Die Sehnsucht nach Urlaub und Erholung überflutete
mich, doch ich hatte ein Ziel, das in keiner Weise einer
Wunschreise entsprach. Ich saß mit meinem Kind auf dem
Beifahrersitz, summte, fühlte mich in dieser Glaskapsel
vom geselligen Leben und Treiben getrennt, konnte es
wahrnehmen, aber nicht daran teilhaben. Wir passten nicht
mehr in dieses Bild der Ausgelassenheit, des Fröhlichseins
und der bunten T-Shirts.

Mit diesem Gefühl begann die zweite Etappe unserer
Reise. Rijk wimmerte und weinte. Mehrmals hielt ich an,

nahm ihn hoch, versuchte, ihn zu trösten. Ich war müde, enttäuscht und hatte unendliches Selbstmitleid.

Schließlich erreichten wir die Klinik.

Bevor wir auf die Station gehen konnten, sollten die Formalitäten erledigt werden. Rijk weinte immer noch, meine Nerven waren zum Zerreißen gespannt. Das Warten nahm mir die letzten Kräfte und ich ließ schließlich meine angestaute Wut bei der Aufnahme heraus und beschwerte mich lauthals über die Zumutung, mich nach dieser weiten Anreise hier so lange mit einem weinenden Kind warten zu lassen.

Mir wurde unsere Station genannt und endlich konnte ich mit Rijk gehen.

Nachdem ich die Tür zu der Station geöffnet hatte und eingetreten war, traf mich das dortige Geschehen wie ein Schlag. Vor mir sah ich ein Bild des Grauens.

Hier waren Kinder, die Helme trugen, um sich nicht zu verletzen. Ihre Bewegungen waren eher ein hilfloses Kriechen, manche wiegten sich hin und her, rollten mit den Augen. Sie gaben Laute von sich, die nur sehr entfernt etwas von Sprache an sich hatten. Hier standen Rollstühle, Gehhilfen und etliche andere Vehikel, deren Funktion ich nicht erkennen konnte.

Warum war ich mit Rijk auf dieser Station?

Ich dachte, dass der Verwaltung vielleicht ein Fehler unterlaufen sei, zeigte der Schwester meine Überweisung, worauf sie mir aber freundlich unser Zimmer zuwies.

War das die Welt, in der wir uns zukünftig bewegen sollten?

Mechanisch packte ich unsere Sachen aus, legte Rijk in das Kinderbett und versuchte, mich einen kurzen Moment auszuruhen. Ich hätte wahnsinnig werden können.

Die Stationsärztin, die später in mein Zimmer kam, fragte mich nach unserem Befinden. Mit höflichen Umschreibungen erklärte ich ihr mein Befremden. Sie beugte sich über Rijk, begrüßte ihn, nahm seine Händchen und suchte den Augenkontakt. Sie sagte, dass er ein sehr hübscher Junge sei und sein Blick klar aussehe, sie jedoch Zweifel hätte, ob er richtig fixieren könne.

So berichtete ich ihr von unseren letzten Wochen.

Rijk war jetzt 3 Monate alt. Die Zeit war vergangen, ohne dass er die entsprechenden Entwicklungsfortschritte zeigte. Er wirkte zwar relativ wach und aufnahmebereit, konnte aber nicht sicher fixieren, Gegenstände nicht mit den Augen verfolgen, obwohl ich der Meinung war, dass er zu mir sicheren Kontakt aufnahm. Sein Köpfchen konnte er nicht ansatzweise halten, seine ganze Rumpfstabilität war viel zu schwach. Er stützte sich nie auf seinen Unterarmen ab, lag in Bauchlage völlig kraftlos da, hasste diese Position. In Rückenlage überkreuzten sich seine starren, gestreckten Beine, seine Arme machten oft schleudernde, wirr erscheinende Bewegungen. Er konnte nicht trinken, nicht greifen. Sein Kopfumfang nahm nicht entsprechend seinem Alter und seiner Körpergröße zu, was bedeuten konnte, dass sich sein Gehirn nicht altersgemäß entwickelte.

Diese Zusammenfassung war natürlich niederschmetternd, trotzdem war Rijk ja noch so jung, vieles konnte sich ändern, sobald die Ursache für seine "Krankheit" gefunden worden war.

Die Frage, ob ich bei Rijk Anzeichen epileptischer Anfälle beobachtet hätte, konnte ich, Gott sei Dank, mit einem Nein beantworten.

Die Ärztin erklärte mir die geplanten Untersuchungen.

Neben der Nerv-Muskel-Biopsie wollte man ein Schlaf- und Wach-EEG als auch eine erneute Computertomographie machen lassen. Da Rijk so wenig auf direkte Ansprache reagierte, sollten seine Augen und Ohren untersucht werden. Um der Ursache der Nahrungsverweigerung auf die Spur zu kommen, wollte man den Nahrungsverlauf in der Speiseröhre durch Röntgenbilder verfolgen. Je nach Befund würden eventuell weitere Untersuchungen folgen.

Unter Anleitung einer Physiotherapeutin sollte ich durch tägliche Wiederholung bestimmte krankengymnastische Übungen lernen, die den spastischen Bewegungsmustern meines Kindes entgegenwirkten.

Mir wurde außerdem das Angebot gemacht, mit Hilfe der Stationsschwestern das Sondenlegen zu erlernen, um so zukünftig nicht mehr auf die ständigen Fahrten zur Klinik angewiesen zu sein. Dankbar nahm ich dieses Angebot an.

Ich versuchte in den nächsten Tagen, mich in den Klinikalltag einzuleben und für Rijk einen gewissen Wach- und Schlafrhythmus zu finden.

Auf der Station herrschte reges Leben und Rijks Empfindlichkeit gegenüber lauteren Geräuschen ließ ihn immer wieder aufschrecken. Er konnte nicht schlafen, war nervös, überstreckte sich und war sehr schwer zu beruhigen.

Immer wieder kam es vor, dass er wegen einer Blutabnahme oder einer anderen Untersuchung aus seinem Schlaf geweckt werden musste.

Wieder trug ich Rijk stundenlang in dem wiegenden Rhythmus meiner Schritte, schmiegte ihn an mich und sprach mit ihm. Ging ich mit ihm über den Flur, lernte ich auch andere Eltern kennen, die mit ihren Kindern hier waren. Sie schienen mir so stark zu sein, denn viele hatten ein richtig schweres Schicksal zu tragen. Wir erzählten uns unsere Geschichten und ich begann zu begreifen, dass dieses Miteinander-reden-Können hilft, die Angst und Traurigkeit zu ertragen.

Auch die Kinder bekamen für mich langsam Gesichter. Einige waren ohne Eltern auf der Station. Sie taten mir unendlich Leid in ihrer ungewollten Einsamkeit.

Als Fritz ankam, wirkte er zutiefst schockiert. Die Station war eine andere Welt, die nichts mit unserer bisherigen zu tun hatte.

Wir versuchten, uns die zeitliche Begrenztheit unseres Aufenthalts zu vergegenwärtigen und damit eine gewisse Distanz zu den Eindrücken aufzubauen.

Die Möglichkeiten, miteinander zu reden, waren sehr eingeschränkt, denn auch hier durfte Aike nicht zu Rijk auf das Zimmer, andererseits aber konnten wir Rijk nicht zu lange alleine lassen, da er so unruhig war.

Auf dem Vorflur zur Station sitzend tauschten wir also wieder nur die notwendigsten Informationen aus. Ständig saß neben uns ein Junge, der wie gebannt auf die Lichter des Fahrstuhls starrte, in der Hoffnung, beim Aufleuchten unserer Stockwerknummer gleich seine Eltern aus dem Fahrstuhl kommen zu sehen. Sie kamen nie. Wir versuchten, ihn von diesem Starren abzubringen, doch er war zäh und gab dieses Verhalten nicht auf.

Die Nerv-Muskel-Biopsie wurde am 3. Tag durchgeführt. Wir wussten, dass die Narkose für Rijk nicht ungefährlich war. Es traten jedoch keine Komplikationen auf. Die Narbe verheilte während der nächsten Tage gut, war aber wesentlich größer, als man uns im Vorgespräch gesagt hatte. Mit 7cm durchzog sie seinen halben Unterschenkel. Als wir die Narbe sahen, waren wir entsetzt. Die Ergebnisse dieses Eingriffs konnten uns erst in zwei Wochen bekannt gegeben werden.

Die weiteren Untersuchungen, deren Anzahl ich bereits nach einigen Tagen nicht mehr überschauen konnte, ergaben zwar gewisse Grenzwerte, aber keinen pathologischen Befund, der eine Erklärung geboten hätte. Daraufhin folgten weitere Untersuchungen und bald befand ich mich in einem unüberschaubaren Untersuchungskarussell, das mich schwindelig werden ließ und in dem ich jede Orientierung verlor. Doch ich hoffte, dass man irgendwann den Grund für Rijks Erkrankung finden würde.

So glücklich ich auf der einen Seite war, wenn diese Untersuchungen keine Auffälligkeiten zeigten, so unerträglich wurde jetzt die Ungewissheit.

Ich lernte in dieser Zeit durch die Unterstützung der Krankenschwestern die Sonde zu legen. Das Einführen der Sonde war für Rijk sehr unangenehm, er hustete und würgte und ich brauchte einige Übung, um den Schlauch richtig zu führen. Ich hatte Angst, dass der Schlauch in der Luftröhre landen könne. Die Schwestern hatten sehr viel Geduld mit mir und ich konnte mich bei Rijk nur stumm für das entschuldigen, was ich ihm hier zufügen musste.

Die Stationsschwestern waren auch im Umgang mit Rijk sehr liebevoll. Nachts übernahmen sie das Sondieren und ich durfte durchschlafen. Auch Rijk wachte beim Sondieren nicht immer auf. Sein Magen wurde ihm im Schlaf gefüllt. So hatten wir nun zumindest die Nächte, um ausreichend Schlaf zu finden.

Musste Rijk bislang 10 oder gar 12 mal täglich sondiert werden, so konnte die Sondierungsfrequenz nach einer Woche Klinikaufenthalt auf 8 mal 100 ml reduziert werden. Rijk erbrach nicht mehr so oft und nahm langsam sogar an Gewicht zu.

Neben dem Erlernen des Sondenlegens waren in diesen Tagen meine ersten krankengymnastischen Übungen mit Rijk wichtig. Während in Oldenburg die Krankengymnastin selbst mit Rijk gearbeitet hatte, sollte ich nun unter Anleitung der Physiotherapeutin Übungen lernen, die ich zu Hause fortsetzen konnte.

Damit vollzogen sich unsere ersten Schritte in das weite Feld der Physiotherapien, die als wesentlicher Bestandteil im Therapiekatalog für spastisch gelähmte Kinder unser Leben begleiten sollten.

Ohne mit mir über die unterschiedlichen Methoden der Krankengymnastik zu sprechen, wurde mit Rijk nach "Vojta" geturnt, einer etablierten Methode für Kinder mit "cerebralen Entwicklungsstörungen".

Diese Therapie ist von dem tschechischen Arzt Vaclav Vojta entwickelt worden, der später in Deutschland an der Orthopädischen Universitätsklinik Köln und am Münchener Kinderzentrum gearbeitet und Krankengymnasten ausgebildet hat. Vojta geht davon aus, dass schon bei einem neugeborenen Kind Bewegungen von außen "angebahnt" werden können, die normalerweise erst bei einem älteren Kind vorhanden sind. Die gewünschte Bewegung soll das cerebralgeschädigte Kind übernehmen, bevor sich pathologische Bewegungen gefestigt haben. Grundüberlegung ist dabei, dass das Gehirn Bewegungen auslöst und steuert. Dieser Vorgang wird nicht als Einbahnstraße gesehen (Gehirn > Bewegung), sondern als wechselseitige Ausformung (Gehirn< >Bewegung), bei dem sich die Körpererfahrungen und –bewegungen im Aufbau des Gehirns verankern.

Kernpunkte seiner Therapie sind das "Reflexkriechen und –drehen". Beim Übungsturnen wird das Kind ausgezogen in eine bestimmte Ausgangslage gebracht und dort gehalten. Bestimmte Körperpunkte werden in dieser Haltung durch Druck aktiviert und lösen Reflexe aus, die als "gesundes Bewegungsmuster" im Gehirn gespeichert werden. Dieser "Input" soll im Laufe der Zeit als "Output" den tatsächlichen Bewegungsablauf bestimmen. Je häufiger die Eingabe an das Gehirn gegeben wird, desto größer soll die Einflussnahme auf den gestörten Bewegungsapparat sein.

In unserem Fall war es allerdings so, dass Rijk bei dem sogenannten Turnen sehr weinte. Er versuchte, sich aus der Ausgangsposition zu befreien und schrie mit hochrotem Kopf gegen die Übungen an.

Die erste Behandlung war, gelinde gesagt, für mich ziemlich schockierend, denn mein Kind fühlte sich offensichtlich bedroht. Von mir als Mutter wurde erwartet, dass ich die mir gezeigten Übungen dreimal täglich wiederholte.

Ich war sehr skeptisch und fragte mich, ob wir Rijk diese offensichtliche Tortur überhaupt zumuten durften. Ärzte und Therapeuten versicherten mir, dass diese Methode die wirksamste sei, um dem weiteren Aufbau der spastischen Muster und den daraus resultierenden Fehlbildungen entgegenzuwirken. In aller Deutlichkeit wurde mir gesagt, dass Rijk bei Nichtanwendung dieser therapeutischen Maßnahme Gefahr liefe, Fehlbildungen im Hüftbereich zu entwickeln. Weiterhin seien Muskel- und Sehnenverkürzungen zu befürchten, unter deren Folgen er sein Leben lang zu leiden habe. Rijks Schreien sei außerdem kein Ausdruck des Schmerzes, sondern des Protestes und der Anstrengung.

Ich fand nicht den Mut, mich trotz dieser Warnungen gegen diese Krankengymnastik zu entscheiden und versuchte täglich mit möglichst viel Sanftheit die mir gezeigten Übungen mit Rijk zu turnen. Dabei musste ich meine innersten Gefühle bekämpfen, denn ich konnte mir nicht vorstellen, dass irgendjemand beurteilen konnte, wie Rijk was empfindet.

Fritz und ich wechselten uns regelmäßig im Krankenhaus ab und ich verbrachte zwischendurch immer wieder einen Erholungstag mit Aike außerhalb des Krankenhauses.

Unsere Wohnung befand sich in der Nähe eines Jachthafens. Fritz hatte für Aike das "Bobby-car" mitgenommen, denn er liebte dieses Gefährt und konnte damit wunderbar durch die Ferienanlage flitzen. Die Leute waren gerührt von diesem kleinen, niedlichen Kerl. Aike konnte noch nicht sicher laufen und versuchte in diesen Tagen immer wieder, ein paar Schritte weiterzukommen, ohne sich an Tischen oder Stühlen festzuhalten. Er zog mit seiner Tollpatschigkeit die Leute in seinen Bann.

Ich ging mit ihm zum Strand, spielte mit ihm am Wasser, genoss das gute Wetter und die Luft. Hier war das Leben so leicht. Ich liebte das Zusammensein mit Aike und doch war für mich die Gegensätzlichkeit meiner zwei Welten manchmal nicht mehr zu ertragen.

Der Klinikaufenthalt musste verlängert werden, weil die Ursachen für Rijks Entwicklungsstörung nicht gefunden werden konnten. Außerdem standen noch die Untersuchungen der Seh- und Hörfunktionen aus.

Wir mussten uns ein anderes Quartier suchen, denn wir hatten unsere Wohnung nur für die ursprünglich vorgesehene Zeit gebucht.

Von Eltern, deren Kind auch auf der Station war, bekamen wir die Adresse eines Hauses, das in unmittelbarer Nähe der Klinik lag.

Dieses Haus wurde durch eine Mc Donald`s-Stiftung finanziert und bot Familien krebskranker Kinder die Möglichkeit, während des Klinikaufenthaltes hier zu wohnen. Da zu diesem Zeitpunkt nicht alle Zimmer belegt waren, konnten wir uns hier einmieten. Wir fanden eine Atmosphäre, in der wir uns etwas von den Strapazen des

Klinikalltags erholen konnten. Unser Zimmer war großzügig und freundlich eingerichtet.

Wir durften Rijk täglich für ein paar Stunden hierher mitnehmen und konnten so vieles in Ruhe gemeinsam überdenken. Die Leiterin war sehr, sehr einfühlsam und freundlich. Wir saßen nachmittags meistens mit den anderen Familien im Garten oder ruhten uns in dem Zimmer aus. Wir begegneten anderen Schicksalen und durch die gegenseitige Anteilnahme wurde manches wieder leichter.

In den folgenden Tagen zeigte der Hörtest, dass Rijk auf dem linken Ohr nahezu taub, auf dem rechten sicher beeinträchtigt war. Ich konnte diesem Befund nicht so recht Glauben schenken, da ich immer wieder beobachtet hatte, dass er auf Geräusche, Stimmen und Musik reagierte.

Die augenärztliche Untersuchung ergab keinen auffälligen Befund, sodass das schlechte Verfolgen der Augen eher Rijks allgemeinem Leiden zugeschrieben wurde.

Als weitere Untersuchung folgte die Kontrolle der Speiseröhre.

Ich wollte Rijk so weit wie möglich begleiten, zu ihm sprechen, damit bei all dem Geschehen wenigstens etwas Vertrautes für ihn erhalten blieb.

Wir kamen in das Röntgenzimmer. Ich hatte Rijk vorher ausgezogen und in eine Decke gewickelt. Nun wurde er nackt in eine Aluminiumschale gelegt und mit Gurten fixiert. Seitlich wurde er ebenfalls durch abgerundete Plastikschalen gehalten. Er fing natürlich an zu weinen. Dann wurde er in die Senkrechte gehoben. Rijk schrie wie nie zuvor in seinem Leben. Dabei wurde ihm ein Kontrastmittel sondiert. Mein Kind hing schreiend in diesen Schalen wie ein Versuchstier. Es war ein zu gruseliger Anblick. Ich bat energisch darum, diese Untersuchung abzubrechen.

Ich wollte keine weiteren Untersuchungen dieser Art und sagte dieses der Stationsärztin. Zunehmend stellte ich das ganze Geschehen in Frage, bekam Zweifel an meiner Entscheidung, Rijk mit diesen Untersuchungen belastet zu haben.

Ich drängte darauf, den weiteren Aufenthalt zu verkürzen und verlangte ein klärendes Gespräch. Nach knapp drei Wochen hatten wir ein Puzzle von Einzelinformationen, das ich nicht zusammensetzen konnte. Bei den morgendlichen Visiten wurde mir immer gesagt, dass die bisherigen Ergebnisse kein eindeutiges Bild ergeben hätten. Ständig wurde ich darauf verwiesen, dass ich auch hier sei, um mich im Umgang mit Rijk zu schulen. Ich war dankbar für die Hilfe und Unterstützung, doch was ich eigentlich suchte, war eine Erklärung für Rijks Krankheit und eine Möglichkeit, diese zu behandeln.

Ich wurde sehr ungeduldig und schließlich wurde uns ein Termin bei dem Chefarzt gegeben.

In dem von mir ersehnten Abschlussgespräch wurde uns gesagt, dass unser Kind als mehrfach schwerstbehindert einzustufen sei und zudem ein beängstigendes Maß autistischer Züge zeige. Eine Besserung der gegenwärtigen Probleme würde sich voraussichtlich nicht einstellen. Die Untersuchung der Speiseröhre habe gezeigt, dass auch hier eine starke Beeinträchtigung der Muskulatur vorhanden sei und die Nahrung nur sehr verzögert in den Magen transportiert werden könne oder sogar in den Mund-Rachenraum zurückfließe. Dieses erkläre Rijks ständiges Erbrechen. Zusammen mit dem mangelnden Schluckreflex würde diese Fehlleistung eine orale Nahrungszunahme auf längere Sicht ausschließen.

Fritz suchte nach Erklärungen, wollte wissen, ob sich dieses Bild nicht bei entsprechender Therapie verändern könne, fragte, wodurch Rijks Behinderung denn entstanden sei, ob nicht die Belastungen der letzten Wochen diese Aussagen relativieren müssten.

Der Arzt wollte oder konnte uns keine Zukunftsprognose geben, erklärte uns aber, dass der geringe Kopfumfang, angrenzend an eine Mikrozephalie, als Indiz für eine verzögerte cerebrale, geistige Entwicklung gesehen werden könne, deren Ausmaß noch nicht einzuschätzen sei.

Auf unsere Frage, wie wir im Alltag mit diesen Beeinträchtigungen leben sollten, erklärte er uns, dass seiner Erfahrung nach viele Eltern die Folgen einer derart komplexen Problematik eben nicht bewältigen könnten und sich verständlicherweise genötigt sähen, ihr Kind zu "institutionalisieren", sprich in ein Heim zu geben.

Wie betäubt saß ich da, hörte zu und sah mein Leben in sich zusammenfallen. Wir wurden darauf aufmerksam gemacht, dass andere Eltern auf der Station warteten und die Sprechzeit leider begrenzt sei. Sprachlos und jeder Realität entrissen verließen wir das Zimmer.

Wie in einem luftleeren Raum bewegte sich mein Körper über den Flur und setzte sich auf die unterste Stufe der Treppe, die zu Rijks Station führte. Ich zitterte am ganzen Körper. Stumm saßen wir nebeneinander, versuchten zu begreifen, uns zu schützen vor dieser grausamen Wirklichkeit.

Irgendwann gingen wir nach oben. Aike wartete im Vorflur, meine Nachbarin hatte auf ihn aufgepasst. Freudestrahlend kam er uns entgegen, denn gerade in diesem Moment hatte er die Strecke über den Flur das erstemal ohne Hilfe zurücklegen können.

Fritz sagte mir, er wolle bei Rijk bleiben.

Ich nahm Aike an die Hand und verließ das Krankenhaus. Fassungslos versuchte ich mir wenigstens vage Vorstellungen unserer Zukunft vor Augen zu führen. Verzweiflung übermannte mich, denn dieser Schmerz war so stark, tat so weh. Ich entwarf Gedanken, mit allem

Schluss zu machen, dieses Leiden zu beenden. Rijk sollte so ein Leben erspart bleiben.

Wir kamen in unser Zimmer. Ich weiß nicht mehr, wie ich den Weg gefunden hatte, denn nichts schien mich mehr erreichen zu können. Alles war so fern! Nur Aike, der seine kleinen Arme um mich legte, hielt mich fest und rief mich zum Starksein auf. Ihn konnte ich doch nicht einfach verlassen.

Ich rief meine Schwester an, wir redeten. Ich erzählte ihr das, was mir gerade gesagt worden war. Ich weinte , schrie ihr meine Verzweiflung entgegen: "Was habe ich denn getan, um so bestraft zu werden? Für welche Dinge muss mein kleiner Rijk büßen, womit haben wir das verdient? Ich werde das nicht schaffen können, Rijk leiden zu sehen und ihm nicht helfen zu können. Wie soll Rijk denn bloß leben?"

Sie hörte zu und sagte mir wieder und wieder, dass es einen Weg für uns geben würde und dass ich Rijks Behinderung nicht als Bestrafung verstehen dürfe. Vielleicht würde das Leben für Rijk auch ganz anders verlaufen, als ich es im Moment befürchtete. Wir hätten eine Familie, die uns unterstütze und ich würde meine Kraft wiederfinden und damit leben lernen.

Ich begann, unsere Sachen zu packen. Ich wollte weg, fort aus diesem Horrorszenario.

Es gab für mich nicht mehr den Funken einer Hoffnung. Woher sollte ich den Glauben daran finden, dass ich in dieses Leben hineinwachse? Ich fühlte mich einer Verantwortung ausgesetzt, die ich nie habe tragen wollen und die ich nicht tragen konnte.

Ich ging in die Küche, um für Aike etwas zu trinken zu holen.

Eine Frau, mit der ich mich schon öfter auf der Station unterhalten hatte, kam, um sich einen Tee zu machen. Sie grüßte mich freundlich und fragte nach Rijk. Ich wollte mich zusammenreißen, nicht weinen, aber die Tränen kamen und ich konnte nichts sagen. Sie schaute mich einfach nur an und nahm mich in die Arme. Geschüttelt von meiner Verzweiflung ließ ich mich in diese Umarmung fallen und weinte.

Wie wohltuend war diese Nähe!

Schluchzend gewann ich wieder etwas mehr Boden unter den Füßen, das Miteinander-reden löste die Umklammerung der Angst.

Später ging ich mit Aike zurück in die Klinik, wo ich Fritz wiedersah, der weinend an Rijks Bett saß.

Wir machten einen Spaziergang. Aike konnte bei meiner Zimmernachbarin bleiben.

Ich weigerte mich, mir unsere Zukunft vorzustellen. Stattdessen grübelte ich darüber nach, ob ich vielleicht während der Schwangerschaft irgendetwas gemacht hatte, was diese schreckliche Krankheit verursacht hatte.

Nachdem wir später in der Klinik alle Sachen gepackt hatten, wurden uns die Unterlagen gegeben. Hierbei befand sich ein Papier, mit dem wir für Rijk einen Behindertenausweis beantragen konnten. Der Grad der Behinderung war mit 100% angegeben.

Es war niederschmetternd!

Sollte Rijk nie irgendetwas lernen können? Würde sich alles für immer auf dem jetzigen Stand bewegen? Was sollte mit uns als Familie geschehen? Was sollte aus Aike werden?

Für uns entstanden so viele Fragen, die wir nicht beantworten konnten. Ich fühlte mich einfach nur schuldbeladen und ohnmächtig - und ich machte mir zudem Sorgen um Fritz, der kaum ansprechbar war. Was ging in ihm vor? Ich hatte Angst, ihn zu fragen, geschweige denn ihm meine eigene Hoffnungslosigkeit zu schildern.

Wie gut wäre für uns ein Gespräch mit einer einfühlsamen und erfahrenen Person gewesen, mit der wir hätten reden können. Es gab zu dieser Zeit aber leider keinen Betreuer, der uns in dieser Situation beratend zur Seite hätte stehen können. Wir wurden in dieser ausweglosen Situation mehr oder weniger allein gelassen, denn auch die Ärzte waren unserer Verzweiflung gegenüber hilflos.

Die Stationsärztin versuchte, mit mir zu reden. Sie kam zu mir, fragte mich, wie es mir gehe, doch ich konnte ihr in diesem Moment meine Verzweiflung nicht zeigen.

Wir sprachen über die Ursachen für Rijks Behinderung und sie gab mir nun auch noch den Rat, zunächst von einem weiteren Kinderwunsch abzusehen. Viele

Krankheiten könnten trotz der medizinischen Kenntnisse noch nicht abgeklärt werden. Mit gedrückter Stimme wünschte sie mir viel Kraft für die Zukunft.

Als wir die Klinik schließlich verließen, fuhren wir in getrennten Wagen. Fritz hatte Aike bei sich, ich Rijk.

Rijk schlief, war ruhig. Ich hörte seinen ruhigen Atem. Wäre es jetzt nicht ein Leichtes gewesen, in der Dunkelheit von der Fahrbahn abzukommen? "Mutter mit Kind bei einem schweren Autounfall tödlich verunglückt". Rijk würde gar nicht erst wach werden, gleich in die andere Welt hinübergehen, in der sein Körper ihm kein Hindernis mehr sein würde.

Als wir nachts zu Hause ankamen, schliefen beide Kinder und konnten so ins Bett gelegt werden. Ich erzählte Fritz lieber nichts von meinen Phantasien. Schweigend saß er da und sah ohne jede Regung vor sich hin. Jeder behielt seine Gedanken für sich, um dem anderen nicht noch mehr zuzumuten. Die Grenze des Erträglichen war erreicht.

Wieder zu Hause...

Unser Haus liegt ca. 15 km nord-östlich von Oldenburg. Es ist ein Bauernhaus mit einem schönen Garten, Hund und zwei Katzen. Es war Sommer, die Sonne verwöhnte uns, die Blumen blühten und die Schafe liefen auf der Weide.

Wir versorgten Rijk, spielten mit Aike und lernten die Vertrautheit unseres Hauses wieder genießen. Wir wollten uns erholen, Kraft sammeln und nicht mehr an die bedrohliche Zukunft denken.

Rijk war wieder in meinen Armen und ich gab ihm gerne diese Geborgenheit. Wir hörten Musik, ich tanzte mit ihm oder sang ihm Lieder vor.

Fritz, der als Gitarrist arbeitet, musste einige Stunden am Tag üben und er spielte den Kindern seine Stücke vor. Rijk lag auf seinen Decken und hörte zu, bis er sanft einschlief. Umhüllt von dieser Atmosphäre schien er sich wohler zu fühlen.

Wir wechselten uns mit dem Sondieren ab und "vergaßen" die Krankengymnastik.

Ich versuchte, mir darüber klar zu werden, was für mich an einer Behinderung meines Kindes so angsteinflößend war.

Zunächst wusste ich nicht, wie das Leben mit einem behinderten Kind eigentlich aussah. Meine Bücher handelten von den Lebensgeschichten erwachsener

Behinderter. Wie aber fühlt sich ein Kind, das so schwer behindert ist? Kann es sich freuen wie andere Kinder oder ist es dazu verurteilt, das Leben nur zu ertragen? Worin besteht eigentlich die Pflege bei einem behinderten Kind und was ist außer der Pflege an Besonderheiten zu beachten?

Würde Rijk wirklich nie essen können? Würde er jemals laufen lernen? Wird er jemals "Mama" zu mir sagen können? Sollte von jetzt an jeder Tag damit ausgefüllt sein, ihn zu sondieren, zu wickeln, ihn in den Schlaf zu wiegen, ohne dass sich eine Weiterentwicklung abzeichnet? Was sollte aus ihm werden, wenn er älter wird?

Mir wurde klar, dass ich eigentlich noch nie einen behinderten Menschen im Zusammenleben mit anderen kennen gelernt hatte und gar nicht abschätzen konnte, ob ich diesem Leben als Mutter gewachsen war.

Ich wurde mir in diesen Tagen auch der tiefen Enttäuschung darüber bewusst, dass Rijk meine Vorstellungen von meinem Leben als Mutter durchkreuzte. Er würde wohl nie das sein können, was ich mir von meinem Kind gewünscht hatte. Ich glaubte mich bislang frei davon, mich über meine Kinder bestätigen zu müssen und erkannte nun bitterlichst, dass Rijk mir meine Grenzen zeigte.

Allein die Vorstellung, ihn irgendwann in einem Rollstuhl schieben zu müssen, passte nun so gar nicht in meine Bilderwelt. Auch die Sonde war für mich, neben den damit verbundenen Versorgungsproblemen, vor allem wegen des Aussehens ein Problem.

Im Innersten hatte ich sehr große Schwierigkeiten, das Unperfekte einer Behinderung bei meinem eigenen Kind anzunehmen.

Ich dachte auch über meine berufliche Perspektiven nach, denn in meiner Lebensplanung war in absehbarer Zeit die Rückkehr in den Lehrerberuf vorgesehen. Ich liebte den Kontakt zu Menschen, den ich dadurch wahrnehmen konnte und wusste nicht, ob ich die Angebundenheit an zu Hause, die mit Rijks Pflege zusammenhing, auf Dauer ertragen konnte.

Zwei Wochen nach unserer Rückkehr musste Fritz seine Unterrichtstätigkeit als Gitarrenlehrer wieder aufnehmen und für meine Gedankenspiele blieb keine Zeit mehr.

Ich war nun voll und ganz damit beschäftigt, die Stunden und Minuten eines einzigen Tages allein mit den beiden Kindern zu überstehen und bewegte mich dabei in einem Durcheinander chaotischer Zustände.

Rijk schlief wenig und hatte sich daran gewöhnt, von mir getragen zu werden. Ohne die entsprechende musikalische Begleitung durch Fritz war er kaum in den Schlaf zu bringen. Auch das Auflegen entsprechender Musik konnte ihn nicht beruhigen. Anscheinend brauchte er die dazugehörige "Live-Atmosphäre". Legte ich ihn jetzt zum Schlafen in sein Bett oder auf seine Krabbeldecke, verkrampfte er sich und fing an zu schreien. Da er dabei schnell erbrach, konnte ich ihn nicht allein einschlafen lassen und musste ihn immer wieder hochnehmen.

Aike fühlte sich zurückgesetzt, denn er war plötzlich in die Rolle des großen Bruders gedrängt worden, dem außerordentlich viel Rücksichtnahme, Geduld und Verständnis abverlangt wurde. Für ihn blieb kaum Zeit. Er äußerte seinen Protest ebenfalls durch häufiges Weinen, ärgerte Rijk oder entlud seine Wut in einem absoluten Durcheinander, zerstörte absichtlich viele Dinge, bearbeitete alles Mögliche mit einem Hammer oder rupfte es auseinander.

Ich hatte Aike noch nie so erlebt und wollte nicht zu viel mit ihm schimpfen, denn er hatte ohnehin genug zu verkraften. So bat ich ihn darum, wenigstens etwas leiser zu sein, damit Rijk sich nicht ständig erschreckte. Erreichen konnte ich mit dieser Bitte aber nur das Gegenteil. So geriet Rijk durch die lauten Geräusche im Haus ein paar mal am Tag in Panik, bei der er sich völlig überstreckte, sich verschluckte, röchelte und fast keine Luft mehr zu bekommen schien.

Das Sondieren dauerte, unter der Voraussetzung, dass Rijk nicht erbrach, jeweils eine gute halbe Stunde. Allerdings erbrach er, vielleicht bedingt durch die allgemeine Unruhe, die gerade eingeflößte Nahrung nun wieder sehr oft. Um den Tagesbedarf abzudecken, mussten wir im Rhythmus von 2,5 Stunden sondieren, auch nachts.

Das Pflaster, mit dem die Sonde an der Wange angeklebt war, verursachte Juckreiz. Es zeigten sich erste allergische Reaktionen und Rijk versuchte ständig, nach dem Pflaster zu greifen und es zu entfernen.

Ich konnte ihn keinen Moment aus den Augen lassen, wollte ich ihm nicht dauernd die unangenehme Prozedur des Sondenlegens zumuten. Angstvoll überprüfte ich immer wieder, ob die Sonde noch richtig lag und verwehrte Rijk, soweit ich konnte, die Berührung seines Gesichtes und seines Mundes mit seinen Händen. Ich hielt ihm die Händchen fest und blockierte damit seine Möglichkeit, Sinneserfahrungen über den Mund zu machen.

Für den Säugling aber ist der Mund ein sehr wichtiges Sinnesorgan. Sie ertasten und begreifen die Welt zunächst über den Mund. Das Nuckeln bedeutet Lust, Befriedigung, Sich wohl fühlen und Geborgenheit.

Ohne dass ich mir damals dessen bewusst war, nahm ich Rijk die Möglichkeit, diesen Urtrieb auszuleben.

Sein dauerndes Wimmern hatte sicher auch mit dieser unbefriedigenden seelischen Situation zu tun.

Neben den sondenbezogenen Problemen stellte sich unausweichlich die Frage der Krankengymnastik, die ich nicht ewig vor mir herschieben durfte. Ihre konsequente Durchführung bot mir zum damaligen Zeitpunkt die einzige Möglichkeit, Rijks Entwicklung positiv zu beeinflussen.

Bei meinen Versuchen, die Übungen zu Hause fortzusetzen, führte das ständige Hochkommen der Milch oft dazu, dass ich das "Turnen" abbrechen musste.

Rijk stand bei der Krankengymnastik unter deutlichem Stress. Er zeigte zwar die erwarteten Abstützreaktionen, schrie dabei aber herzzerreißend. Sein Schreien, das mir immer wieder als Protest erklärt worden war, ging mir durch Mark und Bein. In mir tobte der Kampf zwischen Vernunft auf der einen und dem Bedürfnis, mein Kind zu beschützen, auf der anderen Seite.

Immer hatte ich Angst, dass Rijk, der schon auf "normalen" Alltagstress so überempfindlich reagierte, dieser Stresssituation nicht gewachsen sei.

Würde er Vertrauen zu mir aufbauen können, wenn ich ihm dieses tagtäglich zumutete? Würde er mich trotzdem lieben?

Im Beisein von Aike war es nicht möglich zu "turnen", da er diese Gelegenheit entweder dazu nutzte, irgendwelchen Unsinn anzustellen oder aufgelöst zu mir kam, ebenfalls schrie und mich von Rijk wegstieß. Also zog ich mich möglichst mit Rijk so weit im Hause zurück, dass Aike das Schreien nicht hören konnte. Damit aber war Aike unbeaufsichtigt, was bei einem knapp Zweijährigen, der sich die Welt im Sturm erobern möchte ohne dabei Gefahren abschätzen zu können, schon fast an Fahrlässigkeit grenzte.

Es gelang mir nie, mit Rijk dreimal täglich zu turnen. Damit aber begleitete mich ständig ein schlechtes Gewissen, denn ich glaubte, meiner Verantwortung als Mutter eines behinderten Kindes nicht gerecht werden zu können.

Rijk war in seiner Hilflosigkeit absolut auf mich angewiesen, sein Leben lag in meinen Händen und meine Entscheidungen bestimmten für ihn so fundamentale Dinge wie Essen- oder Laufenlernen, zumindest glaubte ich das damals und fühlte den Druck, der damit verbunden war.

Für mich war alles davon abhängig, wie es Rijk ging. Zeigte er auch nur einen Hauch von Zufriedenheit, freute ich mich, ging es ihm schlecht, was meistens der Fall war, verfiel ich in eine Art Depression. Ich wollte ihm alle Liebe der Welt geben, um sein Schicksal aufzuwiegen, und sah mich täglich an der Realität scheitern.

Abends, wenn Fritz nach Hause kam, erledigten wir eben noch schnell den Haushalt. Wir wühlten in Wäscheberge, dreckigem Geschirr, Staub und Schmutz, wobei immer nur das absolut Dringendste erledigt werden konnte. Unerledigte Post türmte sich auf dem Schreibtisch, sodass wir eines Tages von einem Gerichtsvollzieher besucht wurden. Auf den Fahrten von unserer Wohnung zum Kieler Krankenhaus waren wir immer wieder in eine Radarkontrolle geraten und hatten nun den Bußgeldbescheid auch nach mehrmaliger Mahnung nicht bezahlt.

Weder gekämmt noch richtig angezogen stand ich mit einem sich übergebenden Kind auf dem Arm vor dem reservierten Herrn und versuchte ihm zu erklären, dass alle Briefe ungeöffnet gesammelt worden waren.

Dieser filmreife Auftritt war für mich ziemlich demütigend. Nie hätte ich erwartet, dass unser Leben so schnell aus den Fugen geraten konnte. Uns fehlte permanent Schlaf und wir vergaßen alles, was nicht unmittelbar mit der Versorgung unserer Kinder zu tun hatte.

Wir erwogen einen eventuellen Umzug nach Münster, damit meine Familie mich besser unterstützen konnte, doch Fritz war beruflich an Oldenburg gebunden.

Dann überlegten wir, welche Freunde oder Bekannte uns eventuell helfen würden. Da Aike zu der Zeit in der weiteren Nachbarschaft zwei kleine Spielkameraden hatte, fragte ich, ob die Mütter bereit wären, nachmittags stundenweise auf Aike mit aufzupassen. Sie sagten mir sofort ihre Unterstützung zu. Ich war unendlich froh über diese Hilfe, denn so konnte Aike ein relativ unbekümmertes Kinderleben führen und bei uns im Haus war es so mucksmäuschenstill, dass Rijk nun doch ein paar Stunden Entspannung finden konnte, ohne immer wieder in Panik auszubrechen.

Obwohl wir nicht wussten, wie der weitere Einsatz einer Pflegeperson für Rijk finanziert werden sollte, erkundigte

Fritz sich bei der Sozialstation, ob Anne morgens wieder stundenweise zu uns in die Familie kommen könnte.

Sie kam, hatte die notwendige Zeit für Rijk und ein schier unerschöpfliches Maß an Geduld. Sie verbreitete Zuversicht und sah kleine Fortschritte, die ich in meiner Zerschlagenheit nicht mehr wahrnehmen konnte. Ich empfand sie als Lichtstrahl in meiner grau gewordenen Welt und mein Leben verlor mit ihrer Gegenwart etwas an Schwere.

Ich konnte mich morgens stundenweise meinen Aufgaben als Mutter eines behinderten Kindes entziehen, mich in Ruhe duschen und anziehen, mit Aike spielen, spazieren gehen oder notwendige Erledigungen machen. Es war schön, wenigstens für kurze Zeit das Haus verlassen zu können und andere Menschen zu erleben. Damit gewann ich wieder etwas Kraft und auch gedankliche Kreativität. Zumindest konnte ich mir langsam ein Leben mit Rijk vorstellen, das nicht nur durch Selbstaufgabe, Verzicht und unüberschaubare Arbeit geprägt war.

"Gib meinem Bruder doch mal ein Eis!"

Ich nutzte die Zeit, die ich jetzt gewonnen hatte, u.a. auch dazu, einen Kinderarzt für Rijk zu finden.

Von einer entfernt bekannten Familie bekam ich die Adresse eines Kinderarztes, der Erfahrungen mit entwicklungsgestörten Kindern haben sollte.

Gleich beim ersten Gespräch sagte ich ihm, dass ich nicht bereit sei, Rijk aus unserer Familie fortzugeben. Die sich darin ausdrückende Skepsis war in diesem Fall jedoch völlig unbegründet, denn dieser Arzt sollte sich uns gegenüber wirklich immer sehr engagiert und einfühlsam zeigen.

Da seine Frau als Montessoripädagogin im Bereich der Frühförderung arbeitete, wurden in dieser Praxis viele Kinder betreut, die in ihrer Entwicklung Verzögerungen zeigten.

Wir wurden zu einer wöchentlichen Sprechstunde eingeladen, in der diese Kinder über mehrere Stunden beobachtet wurden und die Eltern ihre Fragen und Probleme besprechen konnten.

Durch diese Gespräche gewann ich in den folgenden Wochen neues Vertrauen. Die bisherigen Diagnosen verloren etwas von ihrer Endgültigkeit, ohne Rijks Probleme zu verklären. Wichtig war für mich, dass der Stress, den Rijk bisher erlebt hatte, in die Betrachtungen mit einbezogen wurde und dass er als behindertes Kind geachtet wurde.

Wir überlegten gemeinsam, wie man Rijk helfen könne. Dabei besprachen wir sehr genau unseren Tagesablauf mit den für mich auftretenden Schwierigkeiten. Ich fühlte mich hier verstanden und wir suchten nach Möglichkeiten, Rijk ein Leben bei uns zu ermöglichen, ohne dass ich dabei meine Grenzen dauernd überschreiten musste.

Der Arzt beantragte bei der Krankenkasse den weiteren Einsatz einer Pflegekraft sowie die Bereitstellung verschiedener Hilfsmittel.

Ich lernte verschiedene Spielideen bezüglich einer Wahrnehmungsförderung kennen und wurde dazu aufgefordert, Rijk trotz der Aussage in Kiel zum Trinken aus der Flasche anzuregen. Bald verstand ich die Wahrnehmung des Mundbereiches als Basis für jede weitere Entwicklung. Die ausschließliche Ernährung mit der Sonde tötete diesen Sinnesbereich ab und wir mussten Möglichkeiten finden, die Rijk eine Wiederentdeckung ermöglichte.

Anne und ich versuchten zu Hause, die verschiedenen Ideen, die Rijk zum Trinkenlernen verhelfen sollten, umzusetzen. Wir probierten verschiedene Sauger aus und versuchten, Rijk den Mund als etwas Lustvolles erfahren zu lassen.

Er mochte die Berührung seiner Lippen nicht. So tasteten wir uns langsam an diesen Bereich vor, indem wir seine Wangen mit unterschiedlichen Materialien streichelten und massierten, dann zum äußeren Lippenbereich vordrangen und schließlich sehr vorsichtig versuchten, in den Mund hineinzukommen. Wir zeigten ihm seine Händchen, massierten sie in dem jetzigen Wissen, dass die Hände in der Embryonalentwicklung und in der späteren Wahrnehmung und Entfaltung sehr eng mit dem Mund verbunden sind.

Wir bemühten uns immer wieder, ihm etwas Milch mit der Flasche zu geben, doch leider war dieses nie von Erfolg gekrönt. Er verschluckte sich, drehte wieder den Kopf weg und machte sich steif.

Es war erstaunlich, welche Kräfte in diesen Momenten in ihm steckten. Sein Muskeltonus war unter normalen Umständen so tief, dass er wurmartig aus den Armen wegzugleiten drohte. Man musste ihn sehr unterstützen, um ihn in einer sitzähnlichen Position halten zu können. Machte er sich aber steif und verkrampfte sich, wurden seine Muskeln sehr hart und er lag wie ein Flitzebogen im Arm. Da er sich jedoch entspannte, wenn man mit ihm lief, d.h. wenn man ihn auf den Armen trug, versuchte ich, ihn beim Tragen zu füttern. Manchmal nahm er dann auch etwas und dadurch, dass ich mit den Fingern den Schluckreflex auslösen konnte, landete dann auch schließlich etwas Milch in seinem Bäuchlein.

Neben dem Ziel einer normalen Nahrungsaufnahme hatten wir auch die Hoffnung, damit seine resignativen Tendenzen zu durchbrechen. Rijk war sehr scheu und schreckhaft geworden, schien sich immer in sich zurückziehen zu wollen. Auch meine Zärtlichkeiten lehnte er oft ab, quengelte dabei, was mich immer wieder sehr verletzte.

Das Nicht-trinken-Wollen hatte in meinen Augen sehr viel damit zu tun, die Welt nicht an sich heranzulassen, sie nicht in sich aufzunehmen. Es war für mich sozusagen Ausdruck einer Lebensverweigerung.

Ich verlagerte also meine Bemühungen ganz auf diesen Bereich und vernachlässigte die Krankengymnastik. Das Problem des Nicht-trinken-Könnens erschien mir dringender als die Anbahnung gesunder Bewegungen, die bei Rijk leider mit Verweigerung verbunden war. Er brauchte Entspannung, musste in das Leben gelockt werden. Die Außenwelt sollte für ihn anziehend sein und dieses konnte meiner Meinung nach nur mit positiven Erfahrungen erreicht werden.

Entgegen den mir in Kiel gegebenen Empfehlungen, die Unmöglichkeit der oralen Nahrungsaufnahme zunächst zu akzeptieren, versuchten wir also täglich Rijk zum Trinken zu bewegen. Die Untersuchung der Speiseröhre verlor für mich mehr und mehr an Aussagekraft. Ich hatte gesehen, wie Rijk dabei geschrieen hatte und wusste, dass auch mir als völlig gesundem Menschen bei so viel Aufregung und

Wut zumindest einiges von der eingeflößten Nahrung wieder hochgekommen wäre.

Durch viele Gespräche und durch das Lesen von Literatur, die sich mit Trinkproblemen bei Säuglingen beschäftigte, wurde mir jetzt klar, dass wir den besten Zeitpunkt, Rijks Saug- und Trinkverhalten zu trainieren, bereits versäumt hatten. Eine Therapie in diesem Bereich verspricht den größten Erfolg gleich nach der Geburt, wenn sich die ersten Anzeichen einer Trinkschwäche zeigen. So lebensrettend also die Sonde auf der einen Seite für Rijk war, so hatte ihre Ausschließlichkeit aber auch dazu geführt, dass der Oralbereich nicht hatte weiter ausreifen können. Warum hatte mich damals niemand auf mögliche Therapien für Kinder mit einer Trinkschwäche aufmerksam gemacht?

Durch unseren Kinderarzt ermutigt, entschied ich mich dafür, Rijk die Sonde endgültig zu ziehen und ihn nur noch mit der Flasche zu ernähren.

Ich bot ihm jetzt den ganzen Tag die Flasche an, wobei er jedoch nicht annähernd die nötige Menge trinken konnte.

Da er bei mangelhafter Flüssigkeitszunahme auszutrocknen drohte, entschlossen wir uns, für ein paar Tage mit Rijk in die Klinik zu gehen, wo er neben der Flasche intravenös versorgt werden sollte.

Mit Unbehagen ging ich mit meinem Kind wieder in das Krankenhaus. Mein Kinderarzt vereinbarte die Aufnahme und im Grunde konnte ich froh sein, dass sich die dortigen

Ärzte überhaupt auf diesen Versuch einließen. Sie äußerten ihre Skepsis und stellten mir häufiger die Frage, ob ich mein Kind nicht mit meinem Wunschdenken völlig überfordern würde. Sie vermuteten, dass diese Prozedur eher Ausdruck meines Unvermögens sei, Rijk mit seinen Problemen wirklich anzunehmen.

Ich blieb aber bei meiner Entscheidung und gab Rijk immer wieder die Flasche, massierte seinen Mund, berührte Zunge, Gaumen und Wangen.

Irgendwie genoss ich im Krankenhaus unsere abgeschlossene Zweisamkeit. Wir hatten Zeit füreinander und ich fühlte mich sogar entspannter als zu Hause, weil ich mich hier nur um ihn kümmern brauchte.

Rijk trank trotz meines Bemühens lediglich 30 oder 40 g pro Flasche, viel zu wenig, um ohne Sonde überleben zu können. Die Schwestern und Ärzte schauten immer wieder in unser Zimmer und erkundigten sich nach unserem Befinden. Ich denke, sie drückten uns die Daumen. Sie gaben mir auch manche Tipps aus ihrem Erfahrungsschatz und langsam dämmerte mir, auf welch unterschiedliche Art manches Kind dazu gekommen war, zu trinken.

Rijk trank immer wieder, aber sehr zaghaft. Er benötigte für 40 g ca. eine Stunde, wobei ich dann auch nicht mehr sagen konnte, ob der größte Teil der Milch vorbeigelaufen war oder wirklich getrunken wurde.

Fritz besuchte uns und löste mich dann am dritten Tag ab.

Ich wollte diesen Tag mit Aike verbringen. Wir gingen spazieren und verbrachten einige Zeit auf dem Spielplatz. Ich genoss diese Atmosphäre der Unbeschwertheit, denn inzwischen hatte ich schon eine gewisse Taktik des Verdrängens gelernt. Aike wusste, dass Rijk im Krankenhaus essen lernen sollte. In der Eisdiele, die wir später besuchten, meinte er, dass ich Rijk doch mal ein Eis geben solle. Bestimmt könne er dieser Versuchung nicht widerstehen. Ich war gerührt über diese Anteilnahme und lächelte über seine kindliche Naivität.

Wir verbrachten einen wunderschönen Tag zusammen, fuhren nach Hause, badeten und kuschelten uns zusammen ins Bett.

Gestärkt durch diesen Tag und einer durchschlafenen Nacht kam ich am folgenden Tag in der Kinderklinik an.

Mein Mann saß über seinen Notizen, auf denen die Trinkmengen aufgeschrieben wurden und war vertieft in verschiedene Rechenexempel: "Wenn Rijk so und so oft so und so viel Gramm trinkt, oder vielleicht auch auf Dauer 50 bis 100 g mehr, dann am Abend mit der Sonde nochmals so und so viel Gramm bekommt, nachts noch ein- oder zweimal sondiert wird, ja, dann müsste er es eigentlich schaffen tagsüber zumindest ein paar Stunden ohne Sonde leben zu können. Wäre es nicht möglich, die Krankengymnastik in diesem Zeitraum zu verlegen, sodass er dann wenigstens ohne Sonde turnen kann?"

Wir wollten uns noch einen Tag geben, bevor wir Rijk wieder mit nach Hause nahmen. Fritz beschrieb mir seine Bemühungen und klang dabei sehr resigniert. Zusammenfassend vertrat er die Meinung, dass wir unsere Versuche zwar nicht aufgeben, aber Rijk doch vielleicht erstmal mit der Sonde weiter versorgen sollten.

Schließlich fuhr er mit Aike nach Hause.

Ich war so traurig, dass ich das Krankenhaus für kurze Zeit verlassen wollte, um irgendwo in Ruhe weinen zu können. Ich suchte mir draußen eine stille Ecke, unbeobachtet, schimpfte auf meinen Gott, der Rijk nicht helfen wollte, auf dieses verdammte Schicksal, das für mich nicht mehr zu ertragen war.

Sollte Rijks Leben denn wirklich ein ständiges Leiden sein, ohne Freude? Wie grausam war die Welt, die uns keine Chance geben wollte. Wieso wurde ich nicht einmal für meine ganzen Bemühungen belohnt? Sollte ich denn wirklich jede Zukunftsperspektive für Rijk aufgeben?

Ich sehnte mich wieder so sehr nach dieser Welt, die ich gestern noch genießen durfte, nach Aike, der zusammen mit seinem Bruder auf dem Spielplatz sein sollte, sich später um das größere Eis streiten sollte... und plötzlich dachte ich an Aikes Idee: Vielleicht mag Rijk Eis! Oder vielleicht etwas anderes als Milch? Vielleicht etwas Festeres, das nicht so unkontrollierbar schnell in seinen Rachenraum fließen konnte, sodass er sich immer wieder verschluckte.

Warum sollte ich es nicht damit versuchen?

Ich ging zurück auf die Station, bereitete Rijk den leckersten Brei zu, den ich finden konnte und nahm ihn in meine Arme. "Bitte, bitte, lieber Rijk, probier diesen Brei, bitte nimm ein bisschen davon. Deine Eltern sind verzweifelt, ratlos. Wir lieben dich sehr, aber du musst uns jetzt auch helfen. Wende dich nicht wieder von mir ab, bitte. Komm, versuch es."

Nie werde ich vergessen, wie er den ersten Brei von meinem kleinen Finger lutschte und... schluckte, zaghaft mit seiner kraftlosen Zunge. Ich versuchte es noch einmal. Er probierte wieder ...sehr, sehr vorsichtig. Hatte ich nicht eben seine kleine Zunge an der Mundspitze gesehen, war da nicht so ein ähnliches Geräusch wie Schmatzen?

Noch einmal...vorsichtig...vorsichtig...ja! Rijk nahm den Brei wirklich an!

Ich war so unendlich glücklich, drückte ihn an mich, dankte und dankte ihm. Ich hätte einfach platzen können vor Glückseligkeit, konnte es nicht fassen, rannte auf den Flur und erzählte alles der Schwester, die daraufhin aufgeregt zu mir kam und das alles selber sehen wollte. Doch, es stimmte! Rijk aß wahrhaftig den ganzen Teller und schlief danach satt und zufrieden ein.

Es war ein Wunder! Mein Kind konnte essen!

Dieses intensivste Gefühl der Freude wird für mich als Teil unserer Geschichte immer bestehen bleiben. Ich glaubte ab diesem Zeitpunkt daran, dass ich mit Rijk eine eigene Sprache gefunden hatte, dass er meine Gefühle und Gedanken wahrnahm - und ich verstand unseren Erfolg als sein Zeichen dafür, dass er leben wollte, mit uns.

Am liebsten hätte ich eine Anzeige in die Zeitung gesetzt. "Heute, am So und so vielten hat unser Kind essen gelernt. Wir sind unendlich stolz und dankbar über seine zweite Geburt!"

Ich fühlte mich wie die glücklichste Mutter der Welt, alle anderen Probleme traten in den Hintergrund und ich bekam den Mut, an Möglichkeiten zu glauben, die nicht der Wahrscheinlichkeit entsprachen, denn Rijk hatte etwas geschafft, was nicht zu erwarten war. Er hatte mir gezeigt, dass es eine Kraft der Intuition gab, über die wir unsere Wege finden konnten.

Der Arzt empfahl mir, die Nahrung möglichst dünnflüssig zuzubereiten, damit Rijk genug Flüssigkeit bekam. Er äußerte sein Erstaunen über diese Entwicklung, freute sich mit uns und beglückwünschte Rijk zu seiner Mutter, die ihren Dickkopf durchgesetzt hatte.

Rijk lebte seitdem ohne Sonde.

Wir bestaunten noch wochenlang unser Kind, wenn es seine Mahlzeiten einnahm und ich werde Aike nie vergessen, dass er der eigentliche Ideenspender war.

Diese Erlebnisse machen stark, sie wiegen alle Anstrengungen auf und geben Hoffnung. Darin lag für uns die Antriebskraft nicht aufzugeben, und ich denke, dass

Ärzte, Therapeuten, und alle, die Familien mit behinderten Kindern begleiten, Hoffnungen aufrechterhalten sollten.

Ja, das Kind hat erhebliche Schwierigkeiten, aber es hat auch die Möglichkeit der Entwicklung, so langsam und unbedeutend sie uns auch erscheinen mag - und vielleicht wird es dabei Wege finden, die wir noch nicht kennen.

Frühförderung
und Krankengymnastik

Gestärkt durch dieses schöne Erlebnis und der damit verbundenen Hoffnung konzentrierte ich mich in der folgenden Zeit darauf, weitere Möglichkeiten der Förderung zu finden.

Ich wollte das "Jetzt" ausschöpfen und sehen, was trotz der schlechten Zukunftsprognosen möglich werden konnte.

Rijk hatte als behindertes Kind Anspruch auf entwicklungsfördernde Maßnahmen. Diese waren zum einen in der Frühförderung, zum anderen in der Krankengymnastik zu sehen.

Die Aufgabe der Frühförderung besteht darin, die Gesamtentwicklung des Kindes durch verschiedene Spiele und Anregungen zu fördern.

Durch Bekannte erfuhr ich von einer heilpädagogischen Arbeitsgemeinschaft, die in Oldenburg auf der Basis der Waldorfpädagogik arbeitete.

Ich hatte während der letzten Monate einiges über die Arbeit anthroposophischer Behinderteneinrichtungen gelesen und dabei den Eindruck gewonnen, dass hier mit sehr viel Wärme, Achtung und Einfühlungsvermögen gearbeitet wird.

Ich rief in Oldenburg an und vereinbarte einen festen Termin pro Woche, an dem eine Entwicklungstherapeutin

uns zu Hause besuchen sollte. Da sich die heilpäda-
gogische Arbeitsgemeinschaft in Oldenburg gerade in der
Gründungsphase befand, war Rijk eines ihrer ersten
Kinder.

Ich lernte bei diesen Hausbesuchen besondere Spiele,
Massagen und Beschäftigungen mit Rijk kennen, die ihm
bestimmte Erfahrungen im Wahrnehmungsbereich vermittelten und sein Interesse fördern sollten.

Wir wiegten, schaukelten und drehten uns mit Rijk. Durch
verschiedene Massagen sollte er seinen Körper erfahren.
Rijk lernte unterschiedliche Fingerspiele und Greifübungen kennen, die den Gebrauch der Hände unterstützen
sollten.

Er wurde zum Spielen in einen "Hot Shot", eine Art
Schwimmreifen, gelegt, der ihm eine stabile Lagerung
ermöglichte. Sein Kopf lag mittig, seine Gliedmaßen waren gebeugt. Erst durch diese Lagerung wurde es für ihn
möglich, seine Hände nach vorne zu nehmen, etwas zu
greifen, es zu halten und dieses Geschehen mit den Augen
zu verfolgen.

Dieses "Spielen" vollzog sich in einer ungeheuren
Langsamkeit, war dadurch aber für Rijk nachvollziehbar.
Ich fand Möglichkeiten, mich mit ihm zu beschäftigen und
konnte erkennen, was er gerne mochte. In kleinen
Schritten begann ich, mich der Welt meines Kindes
anzunähern, Zeit und Gedanken auszuklammern und mich
der augenblicklichen Gegenwart zu öffnen. Rijk hatte sehr

feine Antennen für eine innere Unruhe, die es mir manchmal unmöglich machte, hier und jetzt ganz bei ihm zu sein. Er quengelte dann und zeigte keine Bereitschaft, auf meine Zuwendung einzugehen.

Mit Andrea, der Entwicklungstherapeutin, sprach ich über diese Beobachtungen. Immer wieder konnten wir sehen, dass Rijk äußerst sensibel auf Störungen reagierte, Stimmungen, Gedanken und Schwingungen sehr genau wahrnahm. Aus diesen Beobachtungen entwickelten sich Fragestellungen, die eher uns als Eltern betrafen. Wir redeten darüber, wie es uns als Eltern eines behinderten Kindes ging, welche Probleme wir hatten und welche Lösungen sich eventuell anbieten konnten. Ich fühlte mich durch Andrea in meinen Gedanken und Gefühlen begleitet. Es tat gut, mit jemanden außerhalb der Familie über die Freuden, aber auch über die gefühlte Wut zu sprechen.

Das Ziel der krankengymnastischen Übungen war für mich zu diesem Zeitpunkt darin zu sehen, die spastischen Bewegungsmuster, die Rijks kleinen Körper unglaublich versteifen konnten, zu vermindern und gesunde Bewegungsmuster anzubahnen.

Grundsätzlich sollten durch die "KG" die gesunde Ausformung des Skeletts und der Knochenbildung, das Zentrieren aller Gelenke, wie z. B. die richtige Einstellung von Hüftkopf und Hüftpfanne, sowie die Ausdifferenzierung der Muskelaktivitäten gefördert werden. Verbessert werden sollten außerdem die Atmung, die Mundbewegung und die Feinmotorik der Füße und Hände. Ich hatte bei einer in Oldenburg niedergelassenen Vojta-Therapeutin angerufen, die mir in Kiel empfohlen worden war. Da wir zu weit von Oldenburg entfernt wohnten, konnte sie uns jedoch keine Hausbesuche anbieten und ich musste mit Rijk in ihre Praxis kommen.

Das Verlassen der gewohnten Umgebung war bei ihm aber mit massivem Protest verbunden. Er weinte während der Fahrt ununterbrochen und war so bei unserer dortigen Ankunft völlig erschöpft. Nach einigen gescheiterten Besuchen in Oldenburg bemühten wir uns deshalb um eine Krankengymnastin, die Rijk zu Hause behandelte. Sie betreute mehrere Kinder in unserem Umkreis und erklärte sich bereit, zweimal wöchentlich zu uns zu kommen.

Sie bat mich, mit ihr zusammen zu einer "Supervision" nach Bremen zu fahren, wo das Turnprogramm für Rijk in Absprache mit einer Vojta-Ausbilderin ausgearbeitet werden sollte.

So wurde Rijk in Bremen einer Koryphäe auf dem Gebiet der Vojta-Therapie vorgestellt, die auf mich einen sehr erfahrenen Eindruck machte.

Nachdem sie ihn anhand von Beobachtungen, Fragen und dem Überprüfen seiner Reflexe "eingestuft" hatte, zeigte sie uns die Übungen, die zunächst geturnt werden sollten. Rijk wurde wieder in Bauchlage in einer bestimmten

Ausgangsposition gehalten. Dabei wurden bestimmte Reflexzonen durch Druck aktiviert und er versuchte, sich durch eine erwartete Bewegung aus dieser Ausgangslage zu befreien. Dass er diese Bewegung zeigte, verstand ich als Chance, denn immerhin sprach er ja auf die Reize an.

Wieder brüllte er dabei, hatte einen hochroten Kopf und mir kamen Zweifel. Da aber ohne die entsprechende Krankengymnastik seine Spastik zuzunehmen drohte und damit verschiedene Fehlbildungen verbunden waren, wollte ich meine Skepsis überwinden und mich bemühen, das Turnprogramm in Zukunft konsequenter durchzuführen, das Weinen Rijks wirklich als Protest zu begreifen und mich nicht mehr davon beirren zu lassen. Letztendlich sah ich dazu keine andere Alternative.

So versuchte ich, meine inneren Widerstände zu überwinden und die Übungen als eine nicht ganz so angenehme tägliche Aufgabe zu betrachten, die zu Rijks Leben gehören sollte wie die Notwendigkeit des Zähneputzens.

Ich glaubte, ihm eine langsame Steigerung des Pensums an Krankengymnastik zumuten zu können, wenn ich als Gegenpol dazu meine Beziehung zu ihm durch die Spiele der Frühförderung intensivieren konnte.

Mit Hilfe von Anne konnte ich den Tag so organisieren, dass Rijk krankengymnastisch versorgt war und zudem durch die Wahrnehmungsübungen gefördert werden konnte. Auf dieser Basis wollte ich geduldig und zuversichtlich seine weitere Entwicklung abwarten.

Beflissen lernte ich die Vojtaübungen unter Anleitung der Krankengymnastin und turnte zwei- bis dreimal täglich mit Rijk. Im "Restalltag" versuchte ich immer wieder, Augenblicke der Freude und des nahen Zusammenseins zu finden.

Obwohl mir die Anregungen der Frühförderung in den nächsten Wochen und Monaten halfen, musste ich immer wieder enttäuscht feststellen, dass Rijks Bereitschaft, sich mir zu öffnen, doch sehr begrenzt zu sein schien.

Er war entweder sehr unruhig oder völlig erschöpft, hatte selten Spaß bei den Spielen oder Massagen, war wenig ansprechbar und ließ das Geschehen eher an sich vorbeirauschen.

Täglich wiederholten sich die gleichen Szene. Er lehnte die Nähe zu mir ab und versank in stundenlanges Quengeln. Seine Ablehnung tat mir weh. Ich fühlte mich verletzt und konnte mein Kind nicht verstehen. Meine optimistische Haltung wurde durch erneute Zweifel überschattet. Die Hoffnung, unter Einbeziehung der therapeutischen Maßnahmen ein halbwegs normales Leben führen zu können, bestätigte sich nicht.

Ich fragte meinen Kinderarzt, den ich regelmäßig besuchte, nach seinem Eindruck und er meinte, dass Rijk wahrscheinlich nicht in der Lage sei, Reize richtig einzuordnen. Immer wieder fiel der Begriff "frühkindlicher Autismus".

Der Autismus gilt als eine Störung der Wahrnehmungs- und Informationsverarbeitung. Das Kind versteht einen Großteil der Reize, die es empfängt, nicht, und fühlt sich wie in einer chaotischen, nicht erklärbaren Welt. Es sucht sich einen Schutz vor diesem Chaos, indem es nur bestimmte Reize aufnimmt und sich anderen verschließt.

Nach außen hin wirken diese Kinder oft ängstlich und blockiert. Sie zeigen Überreaktionen auf scheinbar Normales oder verkapseln sich.

Rijk schien tatsächlich oft apathisch in sich versunken zu sein, einfach nicht anwesend. Er zeigte sehr deutlich überängstliche Reaktionen, wenn er das Gewohnte verlassen musste. Anne und ich verbrachten sehr viel Zeit damit, ihn zur Kontaktaufnahme anzuregen. Wir achteten auf Körpernähe und forderten ihn auf, uns anzugucken, sich uns zuzuwenden. Oft sah ich, dass Rijk den direkten Blicken auswich, uns aber dann mit seinen Blicken folgte, wenn wir ihm den Rücken zuwandten.

Trotzdem weigerte ich mich, Rijks desinteressiertes und ängstliches Verhalten als erste Anzeichen für einen drohenden Autismus zu verstehen. Was ich darüber erfuhr, war sehr erschreckend und Rijk sollte, wenn er schon körperlich behindert war, nicht auch noch unerklärbare Verhaltensrätsel zeigen, die mir den Zugang zu ihm unmöglich machten.

Manchmal las ich etwas über autistische Kinder, legte aber die entsprechenden Artikel dann wieder schnell zur Seite.

Einmal rief ich sogar bei einem Therapeuten an, der mit autistischen Kindern arbeitete, vereinbarte einen Termin, hielt ihn dann aber nicht ein.

Ich hatte auch ohne die Bestätigung, dass Rijk tatsächlich von Autismus bedroht sei, genug Ängste und Sorgen. So dachte ich nicht daran, weil ich nicht daran denken wollte und hoffte, dass sich wenigstens dieses Problem auf Dauer von allein lösen würde.

Alltag

Rijks Einschränkungen im Wahrnehmungsbereich verlangten von uns im täglichen Leben ständige Rücksichtnahme. Neben der Schwierigkeit, Kontakt und Nähe aufzubauen, war es seine Angst bei lauteren Geräuschen und bei räumlichen Veränderungen, die uns große Probleme bereitete.

Ich brauchte ständig sehr viel Ruhe, Einfühlungsvermögen und Geduld, um Rijk das Gefühl der Geborgenheit und Entspannung zu ermöglichen. Der Ablauf eines normalen Alltags war für ihn einfach zu schnell und er zeigte deutlich seine Angst.

Spielte Aike z. B. mit seinen kleinen Freunden im Haus, tobte und kreischte dabei vor Vergnügen, zuckte Rijk zusammen und fing völlig aufgeregt an zu weinen. Türenknallen oder das Herunterfallen von Gegenständen, ja, sogar das auf "leise" gestellte Klingeln des Telefons erschreckten ihn zutiefst.

Auch das Füttern musste in einer geschützten Atmosphäre stattfinden. Rijk konnte bei weitem nicht so gut schlucken wie ein gesundes Kind und die "Tätigkeit" mit dem Mund erforderte seine ganze Aufmerksamkeit.

Er musste, auf dem Schoß sitzend, in einer bestimmten Position gehalten werden. Der Kopf brauchte Unterstützung und die Arme sollten vorne bleiben. Rijk wich dieser gebeugten, runden Haltung, durch seine Spastik bedingt, ständig aus und überstreckte sich, sodass der Kopf nach hinten geneigt war. Damit aber wurde das Schlucken wie auch die gesamte Mundaktivität blockiert. Sanft versuchte ich dann, diese Kopfhaltung wieder zu ändern und ihn so zu halten.

Auf Unruhe reagierte er vermehrt mit diesen Überstreckungsmustern und es wurde unmöglich ihn zu füttern. Wir mussten also für eine gewisse Ruhe sorgen, um ihm die nötige Mindestmenge an Nahrung geben zu können - und dieses war aufgrund der oben beschriebenen "Störungen" nicht immer möglich.

Auch auf räumliche Veränderungen reagierte Rijk überängstlich. Wir hatten ihm in unserer Wohnküche einen kuscheligen Liegeplatz eingerichtet, der von Spielzeugen eingerahmt war. Hier lag er und fühlte sich wohl. Verließ ich aber mit ihm diesen Raum, verkrampfte er sich und fing wieder an zu wimmern.

Nah an mich gedrückt trug ich ihn trotzdem jeden Tag in unserem Haus durch den Flur, das Wohnzimmer und durch die Kinderzimmer, um ihm diese Räume vertraut zu machen.

Monatelang konnte ich nicht mit ihm nach draußen gehen, ohne dass er ängstlich in meinen Armen wimmerte. Ich überlegte, ob er das direkte Tageslicht vielleicht nicht vertragen konnte und setzte ihm verschiedene Mützen auf, die seinen Augen Schatten spendeten. Kontinuierlich vergrößerte ich Schritt für Schritt den Radius, wenn ich ihn durch den Garten trug.

Ein gemeinsamer Spaziergang in fremder Umgebung war zu dieser Zeit eine absolute Strapaze. Hatte ich beide Kinder dabei, endete dieser Versuch meistens damit, dass ich den völlig versteiften Rijk weinend im Arm hielt und Aike aufgrund seiner Lauffaulheit den Platz seines Bruders im Kinderwagen eingenommen hatte, da er nicht einsehen konnte, dass dieser wunderbare Kinderwagen unbesetzt bleiben sollte.

Rijk schlief tagsüber so gut wie gar nicht. Er wachte nach einer zehnminütigen Schlafpause immer wieder auf und schrie. Die Phasen des Wachseins erstreckten sich von morgens 5.30 h bis abends 22.00 oder 23.00 h.

Auch nachts wurde er sehr oft wach. Er weinte, bis er sich fast wahnhaft in eine Art Hysterie hineingesteigert hatte und war in seinem Bett nicht wieder zu beruhigen. Wir nahmen ihn also auf den Arm und versuchten, ihn zu trösten. Oft trugen wir ihn zu seinem Lieblingsliegeplatz in unsere Küche und hofften, dass er dort wieder einschlafen würde. Dann allerdings bestand die Gefahr eines Infektes, da er sich am Boden liegend schnell erkälten konnte. Also trugen wir ihn später, wieder schlafend, in sein Bett, wobei er nicht wach werden durfte. Einer von uns verbrachte so die halbe Nacht mit den Wanderungen zwischen Küche und seinem Zimmer.

Aufgrund des fehlenden Schlafes litt Rijk eigentlich unter einer permanenten Dauermüdigkeit, was seine Unzufriedenheit natürlich noch steigerte. Mit 7 Monaten begann er während der Quengelphasen, sich gezielt die Haare auszureißen. Natürlich hatten wir Angst, dass er dieses Verhalten intensivieren und sich selbst weitere Schmerzen zufügen würde. Ich wusste von Kindern, die ihre autoaggressiven Züge so weit ausbauten, dass sie mit dem Kopf gegen die Wand schlugen etc.. Besorgt beobachtete ich Rijk und lockerte seine verkrampfte Hand. Ich betete, dass er dieses Verhalten wieder ablegen würde, beschäftigte ihn mit Greifspielzeugen und bemühte mich, ihm Reize zu vermitteln, die er deutlich fühlen konnte. Ich hatte gelesen, dass sich manche Kinder mit gestörter Wahrnehmung Schmerzen zufügen, um überhaupt etwas spüren zu können und da für sie die normalen Reize so schwer zu erfühlen sind, vermitteln sie sich stärkere, die wir als schmerzhaft empfinden.

Leider wurde Rijk in den folgenden Wochen und Monaten auch noch sehr oft krank. Neuere Blutuntersuchungen warfen wieder die Frage nach eventuell vorliegenden Stoffwechselerkrankungen auf. Da seine Infektabwehr stark reduziert war, litt er in diesem Winter häufig unter Erkältungskrankheiten.

Ihm fehlte die Kraft den Schleim abzuhusten. Er röchelte, seine Nase war verstopft und die mangelhafte Aufnahme an Flüssigkeit führte zu sehr hohem Fieber.

Hinzu kamen immer wiederkehrende Magen-Darmer-krankungen. Auch diese verliefen bei ihm sehr dramatisch, weil er sich stets an der Grenze der Austrocknungsgefahr bewegte.

Oft mussten wir Rijk in die Klinik bringen. Da der Verlauf eines ganz normalen Infektes innerhalb kürzester Zeit dramatisch verlaufen konnte, begleitete mich der Gedanke eines möglichen Todes. Irgendwann aber war ich nicht mehr in der Lage, diese Ängste wirklich als Bedrohung zu ertragen. Sie wurden Teil meines Lebens, an den ich mich zu gewöhnen hatte.

Ich war durch die pausenlose Dauerbelastung erschöpft und müde. Dabei brachte mich Rijks Wimmern manchmal an die Grenzen meiner Geduld. Ich war wütend auf ihn und wusste, dass ich dabei furchtbar ungerecht war.

Es kostete mich manchmal unendlich viel Kraft, trotz allem immer liebevoll zu sein. Ich hätte Rijk an manchen Tagen einfach anschreien können und wünschte mir nichts sehnlicher als einen Tag Ruhe. Dann aber hatte er sich wieder erholt und konnte sehr niedlich sein. Ich schämte mich meiner Gedanken und verdrängte sie.

Unser Leben war eine Berg- und Talwanderung, die sehr mühselig war und wäre Anne nicht gewesen, mit der ich offen reden konnte und die mir Rijk so weit wie möglich abnahm, hätte ich vielleicht vor dieser Krankheit oder Behinderung kapitulieren müssen.

Es war wichtig, weiter zu suchen und in dem Vertrauen zu leben, dass Rijk mit zunehmendem Alter angemessener auf seine Umwelt reagieren würde. Oft fehlte mir allerdings die Zuversicht, um mit einer gewissen Gelassenheit darauf warten zu können.

Eigentlich sah ich in der Möglichkeit, Rijks Entwicklung durch die verschiedenen Übungen der Frühförderung und Krankengymnastik positiv beeinflussen zu können, die einzige Chance, aus dem Kreislauf der zahllosen Schwierigkeiten herauszukommen.

Irgendwie musste es möglich werden, ihm seine Ängstlichkeit zu nehmen.

Woher aber sollte ich immer wieder die Kraft und Ruhe nehmen, Rijk zu erreichen? Es bedurfte der Planung und Unterstützung, um die wichtigsten therapeutischen Maßnahmen mit dem täglichen Familienleben koordinieren zu können. Anne war für uns inzwischen unverzichtbar geworden. Sie war Rijk vertraut, konnte ihn füttern und ihm etwas zu trinken geben. Turnte ich mit Rijk, passte sie auf Aike auf, war ich mit Aike zusammen, wiegte sie Rijk und spielte mit ihm.

Bislang waren die Kosten für Annes häuslichen Pflegeeinsatz für 4 Stunden übernommen worden, doch inzwischen war Rijk zu einem Langzeitpflegefall geworden und die Sozialstation musste die weitere Finanzierung ihrer Arbeit sichern.

Fritz führte entsprechende Gespräche mit dem zuständigen Sachbearbeiter der Krankenkasse, der unser Anliegen an den medizinischen Dienst weiterleitete. Der weitere Einsatz von Anne wurde von dem verantwortlichen Arzt jedoch mit der Begründung abgelehnt, dass ein Mehraufwand an Pflege bei Rijk im Vergleich zu einem gesunden Säugling inzwischen nicht mehr ersichtlich sei.

Rijk musste nicht mehr sondiert werden und so war der Grund für den Einsatz einer Pflegeperson nicht mehr vorhanden. Die Notwendigkeit der täglichen krankengymnastischen Versorgung und die damit verbundene notwendige Aufsicht von Aike wurde als Begründung abgelehnt, da die Vojtaübungen nur durch "ausgebildete Krankengymnasten mit einer besonderen Ausbildung" erbracht werden durften. Rijk sollte also zweimal wöchentlich von der Krankengymnastin beturnt werden, obwohl diese eine erfolgreiche Arbeit von dem mehrmaligen täglichen Einsatz der gezeigten Übungen durch mich abhängig machte.

Dass Rijk neben der körperlichen Behinderung Verhaltensweisen und Auffälligkeiten zeigte, die deutlich auf eine Bedrohung durch Autismus hinwiesen, wurde bei der Entscheidung nicht berücksichtigt.

Unser Kinderarzt setzte mehrere Schreiben auf und telefonierte mit der Krankenkasse. Er machte dem verantwortlichen Arzt den Vorschlag, sich während der wöchentlichen Sprechstunde einen Einblick in die tatsächliche Situation zu verschaffen. Dieses Angebot wurde nie wahrgenommen. Trotz der Briefe und der Berichte aus Kiel lehnte die Krankenkasse jede weitere Kostenübernahme für eine Pflegeperson ab. Laut Sachbearbeiter konnten wir erst einen Antrag auf Pflegegeld stellen, wenn Rijk ein Jahr alt sei und sich der Grad an Hilflosigkeit deutlich von dem eines anderen einjährigen Kindes abzeichnen würde. Anträge auf die Anerkennung einer Schwerpflegebedürftigkeit wurden uns freundlicherweise gleich mitgeschickt.

Diese Auseinandersetzungen waren für uns beschämend, absolut realitätsfremd und sehr verletzend. Man drängte uns in die Position eines Bittstellers, der auf Wohlwollen angewiesen war. Insgesamt hatten wir den Eindruck, dass die Krankenkasse durch geschickte Formulierungen versuchte, ihrer Verpflichtung der Kostenübernahme nicht nachkommen zu müssen.

Ich sah das Chaos vergangener Tage wieder auf mich zukommen und wusste, dass ich all dem ohne Hilfe nicht mehr gewachsen war.

Immer wieder musste ich an unser Abschlussgespräch in Kiel denken - und langsam wurde mir klar, was damit inhaltlich eigentlich gemeint war. Würde Anne uns verlassen müssen, sollten auch wir uns sehr wahrscheinlich bald in einer so ausweglosen Situation befinden, dass wir trotz unserer Liebe zu Rijk nicht mehr die Kraft hätten, ihn zu Hause zu behalten.

Ohne die oft bewundernswerte Arbeit von Kinderpfleger/innen abwerten zu wollen, glaubte ich behaupten zu können, dass kein Heim der Welt den nötigen Umfang an Liebe, Pflege und Förderung leisten konnte, den wir Rijk geben wollten.

Auch in Bezug auf die krankengymnastische Begleitung Rijks konnte ich die Entscheidung des Arztes nicht verstehen. Selbst wenn man, abgesehen von jeder Menschlichkeit, den finanziellen Aspekten Vorrang geben musste, so wäre auf die Kassen später ein wesentlich höherer finanzieller Aufwand zugekommen, wenn Rijk z. B. aufgrund einer Hüftschädigung behandelt werden müsste. Dachte ich bei diesem makaberen Gedankenspiel aber an meinen kleinen Sohn, konnte mir aufgrund der darin liegende Grausamkeit nur noch schlecht werden.

Auseinandersetzungen wie diese können den Eltern behinderter Kinder wirklich die letzte Kraft rauben, denn neben der Grundversorgung des Kindes, dem täglichen Bemühen um Fortschritte, den Arztterminen, Therapieanwendungen etc. sind weder Nerven noch Zeit vorhanden, sich auch noch mit der Ignoranz von Menschen auseinander zu setzen, die augenscheinlich nur das Prinzip der Kostenreduzierung kennen und dabei über die Lebensqualität der schwächsten Mitglieder unserer Gesellschaft, nämlich die der behinderten Kinder, zu entscheiden haben.

Der Höhepunkt dieser wochenlangen Auseinandersetzungen war für mich ein Telefongespräch mit dem zuständigen Arzt des medizinischen Dienstes, dem ich nochmals unsere Bemühungen um Rijk schilderte und wiederholt die unbedingte Notwendigkeit unseres Förderungsprogrammes erläuterte. Dabei verwies ich auf die schriftlich vorliegenden Berichte verschiedener Ärzte, die die Behinderung und den damit verbundenen Pflegeaufwand beschrieben.

Mir fiel es noch immer schwer, über diese Dinge zu sprechen, ohne in Tränen auszubrechen, die schlechten Zukunftsprognosen zu beschreiben, wenn es um das Leben meines eigenen Kindes ging.

Ich merkte, dass mein Gesprächspartner nicht sonderlich an den Einzelheiten unseres Alltags interessiert war, bis am Ende des Gespräches von ihm die Äußerung fiel, dass schon viele Menschen versucht hätten, durch Mitleid an Geld heranzukommen.

Ich war einfach sprachlos über dieses Ausmaß an Kälte, sagte ihm dieses und donnerte den Telefonhörer auf die Gabel.

Wie sehr wünschte ich diesem Menschen eine Woche Praxiserfahrung in der Position eines Behinderten.

Vielleicht hatten wir das Pech gehabt, an einen ausgesprochen bornierten und verständnislosen Menschen geraten zu sein, doch uns verbitterte dieses Vorgehen. Es machte uns aber auch bewusst, dass wir als Eltern von Rijk nicht nur um seine Gesundheit und Entwicklung, sondern ebenso für sein Recht streiten und kämpfen mussten.

Fritz war wütend. Er fühlte sich und seine Familie zutiefst beleidigt und hatte keine Lust mehr, sich weitere Argumente dieser Art anzuhören. Er schaltete schließlich einen Rechtsanwalt ein, der mit einer Klage drohte .

Mir war dabei etwas mulmig zumute, denn wenn wir trotz des Anwalts keinen Erfolg haben sollten, würden wir die dann entstandenen Kosten selber tragen müssen - und dies war in Anbetracht der ohnehin schon belastenden finanziellen Situation sehr beunruhigend.

Einige Wochen, nachdem die Schreiben des Anwalts eingegangen waren, bekamen wir jedoch die Zusage der Krankenkasse, dass die Kosten für die Sozialstation übernommen werden sollten.

Anne konnte also bis zum ersten Lebensjahr von Rijk täglich für vier Stunden zu uns kommen - und wir hatten mal wieder das Gefühl, eine Hürde für unser Kind genommen zu haben.

Später lernte ich andere Eltern behinderter Kinder kennen, die ähnliche Erfahrungen machen mussten. Sie alle kannten die Kämpfe mit der Krankenkasse, die von einem ständigen Betteln, Beantragen und Erkämpfen bis hin zur gerichtlichen Klage gekennzeichnet waren.

Das oft verständnislose Vorgehen der Krankenkasse ist unglaublich verletzend und ich kann bis heute nicht verstehen, warum es nicht möglich ist, durch Hausbesuche und anhand ärztlicher Berichte und Untersuchungen zwischen wirklicher Bedürftigkeit und dem Versuch, ein soziales System auszunutzen, zu unterscheiden und den Eltern ohne die nervenaufreibenden und zermürbenden Verfahren Unterstützung zukommen zu lassen.

Neben den Anträgen auf Fortsetzung der häuslichen Pflege mussten wir damals ständig wie die Detektive erkunden, was Rijk an Hilfsmitteln zustand. Dies bezog sich angefangen von der Milchpumpe über den behindertengerechten Kinderwagen, die Sitzschale, den Turntisch bis hin zu den Windeln, die Rijk später zukommen sollten, als er das Alter eines Kindes, das noch nicht trocken ist, überschritten hatte. Das erforderte Kräfte und Energien, die wir besser für die Betreuung und Förderung unseres Kindes hätten nutzen können.

Warum können die Eltern behinderter Kinder nicht seitens der Krankenkassen durch Broschüren oder Beratungs- gespräche über ihre Rechte aufgeklärt werden? Warum kann ihnen nicht wenigstens die Krankenkasse in ihrem Bemühen um ihr Kind entgegenkommen?

Was ist mit den vielen alleinerziehenden Müttern, deren Ehe an der Behinderung des Kindes gescheitert ist? Woher sollen sie die Kraft und Zeit nehmen, sich neben der permanenten Überforderung durch ihr Kind um Anträge und Hilfsmittel zu kümmern, ihre Rechte einzufordern und sich nicht dem abweisenden Gebaren der Krankenkasse zu beugen und aufzugeben?

Das Große im Kleinen entdecken

Durch Annes Unterstützung fand ich die Zeit, mit Rijk zu spielen und regelmäßig zu turnen. Er erlebte nach den Wintermonaten eine Phase der relativ stabilen Gesundheit. Beim Spielen reagierte er langsam auf meine Nähe und ich sah, dass er sie auch genießen konnte. Wir konnten uns Räume schaffen, die uns einander näher brachten. Diese Sekunden der Innigkeit, des wirklichen Zusammenseins, des Treffens zwischen seiner und meiner Welt empfand ich als wunderschön und sie ließen mich den Stress und Ärger vergessen. Rijks Augen bekamen manchmal ein Strahlen, das mich bis in alle Poren glücklich werden ließ. Sie zeigten mir, was möglich werden konnte.

Mit knapp einem Jahr begann Rijk zaghaft zu lächeln.

War er frei von Infekten, konnte er inzwischen durchaus mal gute Tage haben, die uns Spaß bereiteten. Er ließ sich von mir drücken und liebkosen, ohne dass sofort Protest kam.

Er zeigte trotz seiner schweren spastischen Lähmung gewisse Fortschritte. Seine motorische Entwicklung lag mit knapp einem Jahr ungefähr bei der eines 2 bis 3 Monate alten Säuglings. Seine Kopfhaltung in der Senkrechten hatte sich verbessert. Sein Unterarmstütz war wackelig, doch er versuchte, in Bauchlage seinen Kopf zu heben und schaffte dieses auch für mehrere Sekunden.

Immer wieder legten wir ihn auf den Bauch, um ihn zum Üben zu motivieren. Er rollte sich manchmal über die Seite auf den Rücken und wieder über die Seite auf den Bauch.

Seine Hände, die vorher völlig verkrampft zu Fäusten geballt waren, hatte er jetzt meistens halb geöffnet und konnte sie zum Spiel einsetzen. In der Seitenlage spielte er mit einer Spieluhr und war entzückt, wenn diese Töne von sich gab. Er befühlte sein Gesicht und seine Haare, ohne sich daran festzukrallen. Gott sei Dank hörte er auf, sich die Haare auszureißen und ich verlor meine Angst.

Natürlich wünschten wir uns größere Fortschritte, doch wir waren auch froh über das, was wir inzwischen sehen konnten.

Es deutete vieles darauf hin, dass wir die schlimmste Zeit überstanden hatten. Wie seine Entwicklung weitergehen würde, war zu diesem Zeitpunkt noch offen. Wir sahen seine Fortschritte, die zwar für einen Außenstehenden gering, für uns aber sehr bedeutungsvoll waren. Wir lernten, das Großartige im Kleinen zu sehen und freuten uns unendlich, wenn Rijk irgendetwas dazugelernt hatte.

Nach wie vor haderte ich mit der Krankengymnastik. Rijk weinte dabei entsetzlich und ich musste jedes Mal meinen Wunsch, ihn zu beschützen, verdrängen. Da zu diesem Zeitpunkt aber Fortschritte zu sehen waren, nahm ich diesen Zwiespalt in Kauf. Meine Bemühungen machten sich auch dadurch bezahlt, dass keine Hüftreifungsstörungen auftraten, was angesichts seiner schweren Grunderkrankung schon sehr erstaunlich war. So blieb Rijk wenigstens eine Spreizhose erspart.

Nach seinem ersten Geburtstag bekamen wir 400 DM Pflegegeld. Da wir hiermit die Leistungen der Sozialstation bei weitem nicht abdecken konnten, blieb uns nur die Möglichkeit, mit viel Glück einen Ersatz für Anne zu finden.

Wir entschlossen uns dazu, eine Frau einzustellen, die die Aufgaben des Haushaltes übernehmen und vielleicht nach einer gewissen Eingewöhnungszeit auch mal auf die Kinder aufpassen konnte.

Der Abschied von Anne fiel mir sehr schwer, denn sie war mittlerweile eine wirkliche Verbündete und Freundin geworden. Rijk hatte sich an Anne gewöhnt, zu ihr und unserer Familie traute er sich inzwischen längeren Blickkontakt aufzunehmen. Ich wusste nicht, wie er auf eine ihm fremde Person reagieren und wie viel Zeit er brauchte würde, um auch zu ihr eine vertrauensvolle Beziehung aufzubauen.

Mit viel Glück fanden wir aber schon sehr bald eine 24 jährige Frau, die durch ihre frische und freundliche Ausstrahlung meine Sympathien gewann. Sofort hatte ich das Gefühl, dass sie sehr gut in unsere Familie passen würde. Sie sollte täglich für 5 Stunden kommen.

Ina lernte sehr schnell, Rijk richtig zu halten. Ich zeigte ihr, wie man ihn beim An- und Ausziehen, beim Tragen oder Hinlegen am besten bewegte. Sie war ein Naturtalent, wenn es um das richtige "Handling" ging. Für viele andere war das unmöglich, weil er sich in deren Armen überstreckte und sie nicht in der Lage waren, ihn aus dieser Versteifung herauszuholen.

Sie verlor nie die Geduld mit Rijk, wofür ich ihr ewig dankbar sein werde, denn bei schlechter Laune konnte er nach wie vor sehr ausdauernd wimmern, quengeln und unzufrieden sein.

Wir steigerten in den ersten zwei Monaten die Zeit, die sie mit ihm verbrachte.

War Rijk gesund, turnte ich inzwischen 3 mal täglich mit ihm und nahm mir die Zeit für die Übungen der Frühförderung.

Mehrmals am Tag ging ich nun mit ihm nach draußen in unseren Garten und in den kleinen Wald, der daran angrenzte. Durch tägliches Wiederholen hatte Rijk sich an diese kleinen Spaziergänge gewöhnt. Ich redete viel mit ihm, erklärte die Geräusche und zeigte ihm die verschiedenen Tiere. Er spürte den zarten Wind, lernte das Lichtspiel der Blätter kennen, hörte die Vögel und gewöhnte sich sogar an unseren temperamentvollen Hund Tammo, der angewetzt kam und mit seiner Nase an Rijk schnüffelte. Saßen wir auf einer Bank, gesellte sich sehr bald unsere Katze dazu. Ihr Kratzen an seinen Beinen bereitete ihm tiefstes Vergnügen, wie alle Reize, die nach meinem Empfinden etwas grob waren.

Rijk liebte das Licht und die Geräusche des Waldes. Er wurde ruhig, entspannte sich und lauschte.

Diese stillen Momente gaben mir das Gefühl tiefster Gemeinsamkeit. Im Ablegen der täglichen Hektik, im Moment des gedanklichen Stillstands konnte ich mich als einen Teil der Natur erspüren und für Minuten eine tiefe innere Zufriedenheit erleben. Die Welt stand still, wir waren eins und mit Rijk auf meinem Schoß spürte ich Ruhe und Harmonie.

Es gab jetzt neben dem stressigen Alltag doch Augenblicke mit Rijk, die ich genießen konnte und die es mir möglich machten, schwierige Situationen zu überstehen.

Ließen die Temperaturen es zu, legten wir ihn unter einen Nussbaum. Hier lag er auf seiner Decke, räkelte sich zum Deckenrand und fühlte mit seinen Händen das Gras, zupfte es heraus und freute sich über die Auswirkungen seiner Kräfte.

So oft wie möglich ließen wir ihn jetzt ohne dicke Kleidung liegen, die ihm die Bewegung zusätzlich erschwerte. Hatte er einfach nur sein Unterhemdchen an, konnte er seine Arme viel besser zum Unterarmstütz einsetzen. Ich gab ihm Sand, Pflanzen und verschiedene Hölzer in die Hände.

Nach einiger Zeit tolerierte Rijk es sogar, wenn ich ihn für kurze Zeit allein draußen liegen ließ. Er lauschte fast andächtig den Geräuschen des Windes und sah richtig zufrieden aus. Nun begann er auch Aike zu beobachten und zuckte nicht mehr vor Schreck zusammen, wenn die Kinder sich etwas zuriefen. Gepaart mit den Geräuschen des Waldes, der Vogelstimmen und dem Rauschen der Blätter ertrug er plötzliche Stimmen.

War Fritz da, konnte er Rijk keinen größeren Gefallen tun, als ihm draußen leise eine Melodie vorzuspielen. Es war für mich so schön, dann Rijks Gesicht zu sehen. Er schwebte über seine Hilflosigkeit hinweg.

Auch morgens spielte Fritz ihm oft etwas vor, wenn er um 5.00 h aufgestanden war. Rijk liebte diese tranceähnliche Stimmung, die nicht an Zeit und Erde gebunden war und beide versanken beim Spielen in die Welt der Klänge.

Fritz achtete nicht mehr bewusst auf Rijk, der ganz diesem Zauber erlegen auf seiner Decke lag und lauschte. So vergingen die ersten leisen Morgenstunden, bis Fritz merkte, dass Rijk neben seinem Stuhl lag. Er war mit kriechenden Schlängelbewegungen, die wahrscheinlich nichts mehr mit gesunden Bewegungsmustern zu tun hatten, zu seinem Vater gekommen.

Durch nichts anderes konnte man ihn zu dieser Anstrengung bewegen, denn dazu musste er ungefähr 2 Meter ohne Hilfe überbrücken. Bekam sein Körper durch die geliebte Musik eine andere Leichtigkeit?

Er wollte zu dem Klang und setzte seine ganze Kraft dafür ein. Hielt Fritz ihm dann die Gitarre hin, öffnete er gezielt seine Händchen um nach den Saiten zu greifen und versuchte, eine Saite anzuschlagen. Er wollte selbst Musik machen und wusste, was er dafür tun musste !

Wir staunten.

Indem Rijk unsere Neigungen, Lieben und Leidenschaften miterleben konnte und uns darin begleitete, erlebte er in diesem Sommer durchaus Momente, die schön für ihn waren.

Wir fanden einige Spiele, die Rijk amüsierten, wie z. B. das Verstecken hinter der Mauer, das ihm beim Wieder-hervorkommen ein freudiges Juchzen entlockte. Er hatte Spaß daran, mir die Brille von der Nase zu ziehen. Schaffte er dieses unter meinem "Protest", zeigte er eine sehr gesunde menschliche Empfindung, nämlich Schadenfreude.

Ina und ich teilten uns morgens neben der Hausarbeit die Stunden zwischen Aike und Rijk auf. Aike hatte sich bald dick mit Ina angefreundet. War ich mit Rijk beschäftigt, ließ er sich von ihr verwöhnen. Sie war ihm eine wunderbare Spielgefährtin. Das gemeinsame Kochen und Backen entwickelte sich bei Aike später zu einer echten Leidenschaft.

Aike forderte mich immer wieder auf, auch eine ganz normale Mutter zu sein, mit ganz normalen Sorgen und Nöten. Ich war gerne mit ihm zusammen und ließ mich für mindestens eine Stunde am Tag durch nichts von unseren gemeinsamen Spielen ablenken. Wenn er sich bei mir ankuschelte, schmuste ich mit ihm, las ihm etwas vor und konnte damit selbst an der Kinderwelt teilhaben. Er malte sehr gern und modellierte mit Knetgummi. Er baute Dörfer aus Bauklötzen und wir versanken in diese Welt.

Aikes niedliche Sprache brachte mich oft zum Lachen. Seine Tollkühnheit beim Toben und die damit verbundenen kleinen Unfälle ließen mich nicht vergessen, dass auch gesunde Kinder Tränen weinen und seine Trotzphase mit den dazugehörigen Wutausbrüchen zeigten mir, dass nicht nur das Leben eines behinderten Kindes manchmal einfach zum "Aus der Haut fahren" war.

Leider nahm Aike zu Rijk wenig Kontakt auf. Er legte sich zwar manchmal zu ihm, verlor aber, da zu wenig Resonanz kam, schnell das Interesse. Er konnte nicht mit Rijk spielen und ihn störte das häufige Weinen. Vielleicht war er eifersüchtig, weil ich mich, waren wir allein, fast ausschließlich um Rijk kümmern musste.

Die Nachmittage waren dadurch für mich oft problematisch, denn es gelang mir nicht, die Bedürfnisse meiner Kinder miteinander zu verbinden.

Aike sagte mir zwar nie, dass er sich zurückgesetzt fühlte, doch er versuchte, mich in sein Zimmer zu locken und Rijk in der Küche liegen zu lassen, forderte dieses von mir, weil mit Rijk jedes Spielen immer wieder unterbrochen werden musste. Meinen Vorschlag, sein Spielzeug in die Küche zu holen und bei Rijk zu spielen, lehnte er vehement ab. Legte ich Rijk dann doch in Aikes Zimmer, fing dieser, aufgrund des fremden Raumes, sehr bald an sich zu winden und begann zu jammern. Zeitweise ging ich dazu über, Rijk für eine bestimmte Zeit in der Küche einfach "nörgeln" zu lassen, versuchte dieses zu überhören, war aber angespannt und nervös.

Hatte ich Rijk beim Füttern auf dem Schoß, stellte Aike entweder irgendwelchen Unsinn an, ließ dauernd etwas fallen, was Rijk erschreckte, kletterte auf selbstgebauten Gerüsten die Schränke hoch, aß Seife oder sonst etwas, das verboten war oder cremte das gesamte Badezimmer mit Penatencreme ein - oder er kam, setzte sich neben uns und drängelte, bis Rijk wieder verzweifelt weinte.

Viele Situationen wurden so für mich zur nervlichen Zerreißprobe.

Gegen Abend war Rijk oft schlecht gelaunt, vielleicht übermüdet, konnte aber nicht einschlafen. Es war mir rätselhaft, wieso er so wenig schlief. Vielleicht lag es daran, dass er körperlich nicht ausgelastet war oder nicht genug erlebt hatte. Er wand sich vor Müdigkeit und hörte nicht auf zu quengeln. Wir legten ihn nach dem Waschen und provisorischen Zähneputzen, das immer von viel Geschrei begleitet wurde, ins Wohnzimmer, sangen hier gemeinsam ein Gute-Nacht-Lied, gaben ihm einen Kuss und stellten klassische Musik an. Hatten wir Glück, schlief er jetzt bei der Musik ein und ich konnte mich noch eine halbe Stunde zu Aike setzen. Meistens jedoch wimmerte Rijk abends noch bis 22.00 h oder 23.00 h. Nicht selten war er der letzte unserer Familie, der in den Schlaf hinüberträumte.

Ich hatte das Gefühl, zwei Einzelkinder zu haben, mich teilen zu müssen, weil Rijk nur wenig Bereitschaft zeigen konnte, sich einer Gemeinschaft anzupassen. Die normalen Dinge erschreckten ihn zutiefst und er schien durch die Aneinanderreihung von Eindrücken, die er in der gegebenen Schnelligkeit nicht verarbeiten konnte, einfach überfordert zu sein. Unbekanntes wurde von ihm als Bedrohung verstanden.

Eigentlich hätte er jemanden gebraucht, der ihn in sehr langsamen Schritten durch dauernde Zuwendung in die Welt hinausführte, der ihm die Möglichkeit gegeben hätte, dieses chaotische Durcheinander an Geräuschen und optischen Reizen zu sortieren.

Er brauchte die Sicherheit, Vertrautes um sich zu haben, einen geschützten Raum der Zärtlichkeit, der es ihm ermöglichte, die Erfahrungen zu erleben, nach denen er dürstete. War dieses nicht möglich, wurde seine Seele nicht satt.

Ich fühlte, dass Rijk sich in dieser Sicherheit wiegend der Welt öffnen konnte, denn er zeigte ja durchaus Momente der Neugierde und des Interesses. Seine Bewegungsunfähigkeit und die damit verbundenen Folgen machten ihn unzufrieden.

Für uns hatte das Verhalten von Rijk u.a. auch die Folge, dass wir unsere Freunde und unsere Familie nicht mehr zusammen besuchen konnten. Die Besuche waren immer mit sehr viel Stress verbunden, denn Rijks Ängstlichkeit steigerte sich in fremder Umgebung zur völligen Orientierungslosigkeit. Er weinte herzzerreißend - und das über Stunden.

Nach einigen gescheiterten Versuchen, bei denen wir völlig entnervt und erschöpft wieder zu Hause ankamen, verzichteten wir auf diese Unternehmungen.

Unsere Freunde besuchten uns seltener und meine Kontakte zur Außenwelt bröckelten damit immer mehr ab. Ich war meistens zu Hause und verlor die Energie, wenigstens morgens etwas außerhalb zu unternehmen. Ich nutzte, neben dem Spiel mit Aike, jede Gelegenheit, um ein wenig schlafen zu können, damit ich für den Nachmittag nervlich gerüstet war.

Es gab keine Kinobesuche oder Verabredungen mit Freunden, denn ich war zu müde. Ich wollte niemanden mit meinen Sorgen belasten und ich hatte auch nicht mehr die Offenheit oder das Interesse, mich über etwas anderes als über Rijk zu unterhalten.

So verschanzte ich mich in meine Welt und wollte nur noch eine gute Mutter für meine Kinder sein. Anderen Menschen gegenüber verschwieg ich, wie unendlich anstrengend Rijk sein konnte. Hätte ich all meine Schwierigkeiten und Probleme, meine schwindenden körperlichen und nervlichen Kräfte offen geschildert, wäre das für mich eine unberechtigte Schuldzuweisung für Rijk gewesen. Sein schwieriges Verhalten und seine Behinderung waren es, die mich überforderten, mich an die Grenzen des Erträglichen brachten und doch war es ja keine Übellaunigkeit, sondern seine Grunderkrankung, der auch er völlig hilflos ausgeliefert war.

Viele bewunderten meine Stärke, meine Kraft und die anscheinend unendliche Geduld im Umgang mit Rijk. Ich zeigte ihnen nicht, wie leer und müde ich mich fühlte.

Fritz und ich entzweiten uns. Unsere Ehe wurde in dieser Zeit zu einer Versorgungsinstanz. Uns fehlte jede Zeit füreinander.

Keiner von uns hatte jedoch die Energie oder Kraft, dieses Problem zu thematisieren, da sich an der Grundsituation nichts ändern ließ und wir ja schon froh sein konnten, dass es für uns möglich geworden war, Rijk überhaupt bei uns zu Hause zu haben. Wie ein Damoklesschwert schwebte die Angst über uns, diesen Zustand nicht aufrecht erhalten zu können und wir versuchten, uns mit den Anforderungen, die dieses Leben an uns stellte, zu arrangieren.

Was uns zusammenhielt, war vor allem unsere Liebe zu Aike und Rijk. Wir wussten, dass wir uns aufeinander verlassen konnten und uns brauchten.

Trotzdem glaube ich, dass sich jeder von uns nach mehr Achtsamkeit und Liebe sehnte.

Wir waren wie benommen von der Schlaflosigkeit, die sich in Trägheit und Gereiztheit äußerte. Meistens war ich einfach froh, wenn der Tag überstanden war und suchte einen Moment der Entspannung und Ruhe.

Da Rijk selbst nach dem späten Einschlafen nachts immer wieder wach wurde und einer von uns mit ihm aufstehen musste, waren die Erholungsphasen viel zu kurz. Der neue Tag begann in einem ziemlich zermürbten Zustand und hatte doch immerhin 16 - 17 Stunden.

Ich war nach einem Jahr Rijk so schlank wie nie zuvor, mein Oberkörper und meine Arme hatten durch das Tragen Muskeln entwickelt, von denen ich früher nur träumen konnte. Ich war blass, ungepflegt, ständig müde, sehr vergesslich und begann manchmal sogar zu stottern. Oft konnte ich einem Gespräch nicht mehr folgen und vergaß das eben Gesagte sofort wieder.

Fritz litt zu der Zeit unter einer chronischen Augenentzündung, ging damit nach etlichen Wochen zum Arzt und teilte mir mit einem verschmitzten Lächeln mit, dass ihm dort die Empfehlung gegeben worden war, doch endlich einmal auszuschlafen.

Wir bekamen seitens unserer Familie immer wieder das Angebot, Rijk für ein oder zwei Tage zu versorgen. Der Traum, ein ganzes Wochenende allein als Paar zu verbringen, scheiterte aber in seiner Verwirklichung daran, dass keiner außer uns Rijk füttern konnte. So mussten wir diese Angebote leider ablehnen, doch wir hofften, dass Rijk uns in ein bis zwei Jahren kleine Erholungspausen gönnen würde.

Aike sollte mit 3 Jahren in den Kindergarten kommen. Ich glaubte, dadurch zeitlich entlastet zu werden und auch mal Ruhe für mich zu finden.

Leider wurde er aber in dieser Zeit sehr krank. Die anfänglichen Erkältungskrankheiten entwickelten sich zum Keuchhusten. Einige Zeit später folgten nächtliche Krupp-Anfälle. Nach einem Klinikaufenthalt erfolgten weitere Bronchialinfekte, die schließlich in akute, lebensbedrohende Asthmaanfälle übergingen. Ich bekam Angst um Aike.

Nach einem schlimmen Asthmaanfall musste er für längere Zeit stationär aufgenommen werden. Zu meinem Erstaunen fühlte er sich hier sehr wohl und wollte das Krankenhaus nicht wieder verlassen. Hier wurde er jetzt von uns verwöhnt, bespielt und war die Hauptperson.

Neben der erblich bedingten Veranlagung vermuteten die Ärzte seelische Probleme, die zum Asthma geführt hatten. Mein schlechtes Gewissen Aike gegenüber wucherte damit ins Grenzenlose.

Hatte ich seine seelischen Nöte nicht früh genug wahrgenommen und zu spät auf verschiedene Anzeichen reagiert? Hatte ich ihn zu sehr vernachlässigt? Ließ die sorgenvolle Atmosphäre bei uns zu Hause ihn keine Luft mehr kriegen?

Mehr und mehr begriff ich seine Erkrankung als Reaktion auf unser Familienleben.

Ich sprach mit Aike über unsere Situation, ließ ihn seine Wut ausdrücken, ihn auf seinen Bruder schimpfen. Ich fragte ihn nach seinen Wünschen, nach dem, was sich ändern sollte.

Vielleicht hatte ich von Aike zuviel Rücksichtnahme und Verständnis erwartet. Er war schlagartig von einem sehr behüteten Kleinkind in die Rolle des Bruders gestoßen worden, der fast wie selbstverständlich nebenherlief. Er sah in Rijk nicht den behinderten Jungen, der besondere Aufmerksamkeit nötig hatte und wollte wahrscheinlich für sich die Zuwendung, die er Rijk in Anspruch nehmen sah. Für Aike war Rijk einfach sein Bruder, und dass er weder krabbelte noch laufen lernte, war nichts Besonderes. Warum wurde Rijk also immer bevorzugt?

Verdammt noch mal, lieber Gott, jetzt hilf mir doch endlich!

Auch Rijk durchlebte im zweiten Herbst und Winter wieder mehrere Krankheiten, die an seinen Kräften zehrten und dazu auch noch mit Rückschritten verbunden waren. Einiges, was er während des letzten halben Jahres erlernt hatte, war nach einem Fieberschub verloren.

Wurde er krank, stand ich Todesängste aus, bewachte ihn Tag und Nacht und betete um seine Genesung. Ich befürchtete, dass er durch diese Fieberkrämpfe epileptische Anfälle bekommen könne, denn er war, das wusste ich, aufgrund seines angegriffenen Gehirns besonders gefährdet.

Die durchwachten Nächte bedrückten mich mit ihrer Dunkelheit, sie umklammerten mich mit dem Gefühl der Enge. Die Stunden vergingen unendlich langsam und meine Gedanken drehten sich immer wieder im Kreis.

Doch dann wichen sie der Helligkeit des nächsten Tages. Die Morgendämmerung verkündete mir das Überstandenhaben dieser qualvollen Stunden.

Ich ging in den Garten, sah den Nebel aufsteigen und begrüßte den neuen Tag. Die Welt hatte uns wieder und ihre Schönheit durchflutete mich mit einem Gefühl, das ich so nie zuvor empfunden hatte.

Leid und wirkliche Freude lagen sehr eng zusammen. Ich erlebte beides intensiv und staunte über meine Gefühlsschwankungen.

Die ärztlichen Kontrolluntersuchungen verdeutlichten bei Rijk im zweiten Lebensjahr immer wieder den geringen Fortschritt bzw. die Retardierung, die Verzögerung seiner Entwicklung.

Ich hasste diese Entwicklungsprofile, die Rijk in seiner Gesamtheit nicht erfassen konnten. Sie drückten nichts über seine Stärke und Willenskraft aus. Sie wussten nichts von seiner Kraft, Krisen zu überwinden und Nächte der Krankheiten zu überstehen. Sie sagten nichts über die vielen schönen Momente, die Rijk uns schenkte und die mir zeigten, dass Rijk eine Geistigkeit hatte, die nicht gemessen werden konnte. Er war in der Lage, vieles anders wahrzunehmen.

In meiner wachsenden Nähe zu ihm lehnte ich die Bewertungskriterien einer normalen Entwicklung bei Rijk ab. Ich wollte meine Wahrnehmung nicht dadurch beeinflussen lassen, denn er war trotz allem für uns ein wunderbares Kind.

Doch wenn ich ihn beobachtete, sah auch ich, dass seine motorische Entwicklung gegen Ende seines zweiten Lebensjahres eher rückläufig zu werden begann. Er versuchte zwar in Bauchlage seinen Kopf zu heben und sich dabei abzustützen, sackte dabei aber immer häufiger kraftlos zur Seite. Jede Minimalbewegung schien ihm unendliche Kraft abzufordern. Durch die fehlende Bewegung entwickelte er kaum Muskeln und hatte wenig Kraft. Er war sehr dünn und unglaublich zart.

Nach und nach wurde mir trotz meines inneren Widerstandes jetzt klar, dass Rijk nie laufen lernen würde. Der Unterschied zwischen seiner Entwicklung und einer "normalen" ließ diese Prognose gegen Ende seines zweiten Lebensjahres unausweichlich werden. Ich sträubte mich lange dagegen, diesen Gedanken wirklich anzunehmen.

Als ich aber später begonnen hatte, mich schließlich doch mit diesem Bild anzufreunden, indem ich mir sagte, dass das Laufenkönnen nicht das Wesentlichste im Leben sei, zeigte Rijk bereits weitere Verzögerungen, die selbst ein Krabbeln unwahrscheinlich werden ließen. Von Woche zu Woche schienen die Zukunftsaussichten unaufhaltsam schlechter zu werden.

Ich musste meine Erwartungen immer weiter zurück-schrauben und letzten Endes erkennen, dass Rijk nie ein Leben in Selbständigkeit führen und immer auf Hilfe angewiesen sein würde. Es war schwer für mich, mit dieser Perspektive den Alltag zu bewältigen, denn ich hatte Angst vor diesem Leben und am meisten Angst beschlich mich bei der Vorstellung, was aus Rijk werden sollte, wenn wir nicht mehr da wären. Diese Angst nagte an meiner Energie und fraß sich wie ein Geschwür in meine Seele. Ich träumte schreckliche Träume und war froh, morgens davon erlöst zu werden.

Vieles erschien mir sinnlos und ich begann, alles eher laufen zu lassen.

Auch mein "Glaube" an die Krankengymnastik schwand zunehmend.

Obwohl mich die Krankengymnastin, die Rijk betreute und zu der ich ein gutes Verhältnis hatte, nie darin bestärkte, hatte ich die Hoffnung gehabt, dass Rijk eine Fortbewegungsmöglichkeit finden würde, wenn ich ordentlich mit ihm trainierte. Wie sollte sie als Therapeutin mit mir als Mutter umgehen, wenn es um die realistische Einschränkung meiner Traumphantasien ging? Wie sagt man einer Mutter, die ihr tägliches Programm mit dem Kind unter Widerständen absolviert, dass ihr Kind trotz all ihrer Mühen nicht die bei jeder Übungssequenz ersehnten Fortschritte machen wird, sondern dass es eher darum geht, den "Ist-Zustand" zu erhalten?

Es stimmte ja: Rijk war relativ weich, überstreckte sich im Vergleich zu anderen Kindern mit so einer starken Spastik wenig, seine Hüftknochen hatten sich gut ausgeformt und er hatte keine Sehnen- oder Muskelverkürzungen. Aber ich musste täglich gegen meine Enttäuschung anarbeiten und der Ist-Zustand konnte für mich keine Belohnung sein.

Mein bisheriges Leben hatte mir immer wieder bestätigt, dass Leistung entsprechend belohnt wird und nun machte mir Rijk einen dicken Strich durch die Rechnung. Ich wollte nicht undankbar sein, aber ich war enttäuscht. Ich versteckte meinen Kummer in dem Wissen, dass ich es schon lange hätte realisieren müssen und präsentierte mich im Beisein der Krankengymnastin weiterhin als gute "Vojta-Mutter", die ihre Übungen beherrschte.

In dieser Frustration suchte ich nach einem Wunder, trug mich sogar ernsthaft mit dem Gedanken nach Lourdes zu fahren, irgendwohin, wo das Unmögliche möglich gemacht werden sollte.

Unter anderem besuchte ich mit Rijk in dieser Zeit einen anthroposophischen Kinderarzt in Bremen, der mir von mehreren Seiten empfohlen worden war. Er betreute an einer heilpädagogischen Schule behinderte Kinder und war als erfahrener Arzt bekannt.

In einem sehr ausführlichen Gespräch riet er mir, die Lebenskräfte Rijks durch verschiedene Maßnahmen weiter zu entfalten, auf eine gesunde Ernährung und auf den Tagesrhythmus zu achten. Er gab mir viele praktische Lebensratschläge, die deutlich machten, dass er tatsächlich sehr erfahren im Umgang mit Familien behinderter Kinder war. Als ich ihm meine Schwierigkeiten mit der Krankengymnastik beschrieb, riet er mir dringend dazu, diese Therapie aufzugeben und durch eine andere zu ersetzen.

In mir entbrannte erneut die Sorge, damit etwas sehr Wichtiges zu vernachlässigen. Wie oft hatte ich gehört, dass Rijk ohne die Vojta-Therapie gravierende gesundheitliche Schäden davontragen würde und bei Nicht-Fortsetzung keine Aussicht auf eine Entwicklung bestehe. Konnte ich diesen Schritt wirklich verantworten?

Durch diesen Besuch völlig verwirrt schrieb ich abends in mein Tagebuch:

Lieber Gott!

Gib mir irgendein Zeichen, das mir meine Entscheidung leichter macht.

Ich fühle mich so verlassen mit meinen Gefühlen und Gedanken.

Warum ist es so schwer für mich, mein Kind so anzunehmen, wie es ist - ohne einen Vergleich, der für mich nur in Enttäuschung enden kann?

Ich möchte, nein, ich muss Rijk doch so lieben, wie er ist und sein wird.

Wie kann ich lernen, bedingungslos zu lieben?

Ich bin nicht so stark, wie du denkst - und deshalb denke ich manchmal in meiner Wut, dass es dich gar nicht gibt.

Vielleicht ist doch alles nur Zufall und ich habe einfach die schlechteren Karten gezogen.

Willst du mich in diesem Verzweifeln alleine stehen lassen, warum kannst du mir nicht helfen in meinem Bemühen?

Das, was mit Rijk nicht passiert, macht mich unendlich traurig. Es saugt die Kraft aus mir heraus.

Nein, ich will nicht Rijk die Schuld geben, aber warum kannst du ihm nicht ein bisschen helfen?

Die Zeit rast an uns vorbei.

Auf die Frage: "Wie geht es euch?" werde ich zunehmend sprachlos. Die Zeit wird für mich zermürbend, sie ist mein Feind und ihr gegenüber fühle ich mich immer ohnmächtiger.

Wo ich hinsehe, ist Entwicklung. Kinder werden wie von selbst größer, selbständiger und wir treten so lange auf einer Stelle. Oft scheint mir der Boden unter meinen Füßen schon ausgetreten zu sein, ausgehöhlt.

Wir sacken immer tiefer bei dem verzweifelten Bemühen herauszukommen aus diesem Schlammloch, in dem wir zu ersticken drohen.

Ja, ich glaube, ich bin im Moment richtig wütend auf dich, Gott, der du mir als Gott bekannt bist, als etwas, das über allem steht, Menschen Glück und Unglück bringt und uns dabei die Gründe nicht erkennen lässt. Wir müssen hinnehmen in dem Glauben an eine höhere Fügung.

Mir aber rutscht der Boden unter den Füßen weg und ich verliere jeden Halt.

Ja, ich flehe dich an um ein kleines Wunder für das Menschenkind, das du uns geschenkt hast. Nein, eigentlich um ein großes, wenn ich ehrlich bin - und dich kann ich ja *wohl nicht belügen - um so ein großes, das mir die Gewissheit gibt, das Richtige zu tun.*

Na ja, bei wem soll ich mich sonst beschweren über unser Leben, Rijks und meins, das im Moment doch das gleiche ist.

Führt Rijk dieses bescheidene Leben, um mir meine Liebesfähigkeit zu zeigen?

Er tut es in täglicher Demut - und das ist mein eigentliches Schuldgefühl - denn ich kann das nicht, nicht immer, manchmal wohl - in dem Glauben, dass dieses Leben uns bestimmt ist - in letzter Zeit aber eher selten.

Mein Stoßgebet endet in Vorwurf und nicht in Annehmen.

Aber lass Rijk nicht dafür leiden!

Wie soll ich immer wissen, was für Rijk richtig ist?

Leider gibt es keinen Übertherapeuten, der mir sagen kann, was richtig ist. Kannst du es denn nicht sein?

Befangen in unserem Lebenspensum irre und wirre ich durch diese Welt, die uns wohl unterstützen will, es aber nicht zu tun vermag.

Niemand ist ich und niemand ist Rijk - und Rijk kann nicht sprechen oder ich kann seine Sprache nicht mehr verstehen und wenn nicht ich, wer dann?

Und wenn ich mich falsch entscheide... ist wieder er es, der es austragen muss. Wieso kann ich nicht die sein, die die Folgen meiner Entscheidung zu tragen hat?

Das ist mir einfach zu viel!

Viel zu viel... und deshalb warte ich... und drehe wieder einen kleinen neuen Kreis... und merke, wie der Boden wieder Stück für Stück abgetragen wird...

Gedankenbeladen gehe ich jetzt ins Bett.

Es ist 1.00 h nachts.

Was ist morgen? 5.00 h aufstehen. Klar sein. Liebevoll sein. Sich all diese Gedanken nicht machen wollen, denn...nur die Gegenwart zählt!

Gute Nacht!

Ich glaube, ich muss härter werden

Angegriffen und aufgewühlt durch die Erkrankungen der Kinder und durch Rijks Entwicklungsstillstand bzw. -rückschritt bezweifelte ich die tägliche Durchführung des Vojta-Programms, ohne den "Mut" aufbringen zu können, diese Therapie wirklich abzubrechen.

Andere Mütter, die auch ein behindertes Kind hatten, lächelten wissend, wenn ich ihnen mein Für und Wider beschrieb. Nicht wenige waren von der Vojta-Methode abgesprungen, doch keines ihrer Kinder war so schwer behindert wie Rijk.

Szenen aus Kiel kamen mir ins Gedächtnis. So erinnerte ich mich z. B. an ein Gespräch mit einer Mutter, die mir sagte, dass sie später lieber ihr Geld für einen guten Psychologen ausgäbe, anstatt ihr Kind durch versäumte Krankengymnastik im Rollstuhl sitzen zu lassen.

Ich dachte darüber nach, ob nicht ich es vielleicht war, die diese Therapie brauchte, um das Gefühl zu haben, etwas an der Behinderung verändern zu können. Hatte mein unbedingter Wunsch nach Entwicklungsfortschritten mich auch zum Perfektionisten der Verdrängung werden lassen? Die Frage der richtigen Physiotherapie wurde zu einer Frage meiner Persönlichkeit. Ich las mehrere Bücher, in denen deutlich gesagt wurde, dass die Vojta-Gymnastik die Kinder eindeutig unter Stress setzen würde und eher schädlich denn vorteilhaft sei. Dann wieder beschäftigte ich mich mit Studien, die auf die Erfolge dieser Therapie hinwiesen.

Ich glaubte mit der Zeit, in mir eine Frau zu erkennen, die nicht mehr in der Lage war, auf ihre Gefühle zu hören und diese der Allmacht "wissenschaftlich fundierten Denkens" entgegenzusetzen und abzuwägen. Ich sah mich als Frau, die den Mut verloren hatte, Mutter zu sein.

Warum und wodurch hatte diese Entwicklung eingesetzt?

War es das Bild, das Behinderung immer nur als einen Makel oder Defizit begriff und das von den Ärzten unterstützt wurde, indem sie immer das betonten, was mein Kind nicht konnte und niemals können würde?

War es das Angebot der Institutionalisierung, wenn Rijk für uns untragbar werden sollte?

Waren es die Kämpfe mit der Krankenkasse?

Wo war die Würde meines Kindes, so zu sein, wie es war?

Wo war die Achtung vor dem, was es war?

Warum wurde es mir so schwer gemacht, auch mal stolz auf mein Kind zu sein?

Warum musste es denn unbedingt möglichst "gesund und normal" gemacht werden?

Was verschleierte den Blick für seine einzigartige Wertigkeit und warum war selbst ich als seine Mutter nicht mehr in der Lage, dem Wunsch nach Normalität zu widerstehen?

Diese Überlegungen und der damit verbundene Prozess begleiteten mich.

Die Krankengymnastin machte den Vorschlag, mit mir und Rijk nach München zum Kinderzentrum zu fahren. Eventuell konnte das bisherige Turnprogramm durch neue Ideen bereichert oder gezielter auf Rijks motorische Schwächen hin überarbeitet werden.
Trotz meiner Bedenken begleitete ich sie mit Rijk.

Das Kinderzentrum war beeindruckend durch sein Angebot an Spezialisten. Mit Rijk wurde in meinen Augen zwar ähnlich, aber intensiver und härter geturnt, als es sowieso schon tägliche Praxis war. Wieder hatte ich dieses verstörte, kleine Bündel im Arm - und endlich fasste ich den Entschluss, die Übungen in der hier praktizierten Form nicht zu übernehmen. Ich wollte mich nicht mehr an den Rat dieser Spezialisten halten, die mir gnadenlos über mein Kind hinwegzutherapieren schienen.
Rijk wurde wieder neurologisch eingestuft, was für mich ein erschreckendes Bild ergab. Zu meinem Entsetzen sprach der Arzt die Vermutung aus, dass neben der körperlichen auch eine geistige Entwicklungsverzögerung vorliege. Deutlich sah er, dass eine mentale Einschränkung vorhanden war.
Diese Diagnose erschütterte mich zutiefst. Bedeutete diese Aussage nicht, dass Rijk nun auch noch geistig behindert sein sollte? Und wenn ja, in welchem Ausmaß?
Ich hatte mich daran gewöhnt, ihn als körperlich behindert zu sehen, doch in der geistigen Entwicklung war er nach

meinem Empfinden den gesunden Kindern immer ähnlich gewesen, vielleicht etwas verträumter. Da er noch nicht in der Lage war zu sprechen, wussten wir nicht, was er wie begreifen konnte. Rijk war langsamer als ein gleichaltriges anderes Kind, doch er wirkte trotzdem geistig wach und aufnahmebereit.

Ich glaubte, mit dieser neuen Diagnose nur noch umgehen zu können, wenn ich mehr Abstand zu Rijk gewinnen würde und die Behinderung weniger als unser, sondern als sein Schicksal begreifen lernte. Vielleicht konnte ich sogar froh darüber sein, wenn Rijk wirklich geistig behindert war. Er würde dann seine Unfähigkeit nicht so wahrnehmen.

Ich wollte ihn natürlich weiterhin auf seinem Lebensweg begleiten, für ihn sorgen, doch ich konnte mein Mitleiden so nicht mehr länger aushalten. Ich musste härter werden und die Dinge nicht mehr so nahe an mich herankommen lassen.

Zermürbt fuhr ich wieder nach Hause, und hier war Fritz, der eine gesunde Skepsis gegenüber Zukunftsprognosen hatte und die Annahme einer geistigen Behinderung sehr in Frage stellte.

Er glaubte einfach nicht daran, nahm seinen süßen Sohn liebevoll in den Arm, drückte ihm einen dicken Kuss auf sein Bäckchen und verneinte.

Für ihn war es wichtig, dass Rijk möglichst zufrieden bei uns leben konnte, ohne dass wir uns durch eine bestimmte

Vorstellung in der Wahrnehmung seiner Persönlichkeit eingrenzen ließen. Er forderte mich auf, in Rijks klare Augen zu sehen und erinnerte mich an die vielen kleinen Erlebnisse, die uns zeigten, dass Rijk verstand, am Geschehen teilnahm und in gewisser Weise vielleicht einiges sogar deutlicher erfühlen konnte als wir.

Ich liebte Fritz für sein bedingungsloses Dasein als Vater. Er hatte eine andere Wahrnehmung von Rijk und weigerte sich, diese durch den Begriff "geistige Behinderung" trüben zu lassen - und das war gut so!

Fritz zog mich mit seiner Kraft und Liebe aus meinem resignativen Tief. Mit jedem Tag konnte ich Rijk wieder etwas deutlicher so sehen wie vorher: das Leuchten seiner Augen, das Lächeln bei Zufriedenheit und den Wunsch nach Förderung in liebevoller Geborgenheit.

Ab jetzt möchte ich aber auch mal ein Wörtchen mitreden

Als wenn Rijk meine inneren Fragen und Gedanken lesen konnte, nahm er in den folgenden Wochen mehr Kontakt zu mir auf. Zart und schutzbedürftig schaute er mich ganz ruhig an und versuchte, mich zu berühren. Ich genoss seine "Annäherungsversuche" und sättigte mich an seinen Blicken.

Rijks Gesundheit stabilisierte sich. Er wurde seltener krank und gewann an geistiger Wachheit. Er entwickelte in den nächsten Wochen eine immer genauere Wahrnehmung seiner Umgebung und seine Fähigkeit des Aufnehmens nahm deutlich zu.

An vielen Kleinigkeiten konnten wir ablesen, dass er unsere Sprache zu verstehen begann. Seine Ausdrucksmöglichkeiten gewannen an Vielfältigkeit. Wut unterschied sich von Unwohlsein, Zufriedenheit von Freude.

Er fing an, sehr genau zu beobachten. Gingen wir durch den Raum, drehte er den Kopf und verfolgte uns mit seinen Blicken, während er vorher fast keine Notiz von uns genommen hatte. Reagierten wir nicht auf ihn, begann er uns mit ersten Tönen zu rufen.

Saßen wir am Tisch, verfolgte er das Geschehen. Besonders Aike genoss seine Aufmerksamkeit. Seine kindlichen Essmanieren schienen Rijk zu amüsieren und sobald Aike dieses bemerkte, begann er am Tisch herumzualbern. Wir griffen nicht in das Geschehen ein, sondern nahmen Rijks Interesse erfreut zur Kenntnis. Aike versuchte, Rijk den Löffel in den Mund zu führen und schmierte seinem Bruder immer wieder etwas auf den Mund.

Spielten Fritz und Aike am Tisch mit Autos, Murmeln oder Bällen, guckte Rijk interessiert zu. Manchmal war es auch möglich, dass Rijk, auf meinem Schoß sitzend, mitspielte. Fiel das Auto hinunter, meinte ich, auf seinem Gesicht ein kleines Grinsen zu sehen. Er schrie nicht mehr erschreckt auf und so kamen wir in den Genuss kleiner Momente eines Familienlebens.

Insgesamt ließ Rijks Schreckhaftigkeit nach und er konnte besser mit unserer Geräuschkulisse umgehen.

Wenn Aike in seiner Nähe spielte, begann er mit den Händen nach den Spielzeugen zu greifen. Sehr, sehr langsam öffnete er seine Hände und führte seinen Arm in die gewünschte Richtung. Oft wurden diese Versuche durch seine schleudernden Armbewegungen vereitelt, doch mit etwas Unterstützung fand seine Hand den ersehnten Gegenstand und seine Finger begannen ihn, wiederum sehr langsam, zu umschließen. Hatte Aike die Geduld zu warten und half ihm dabei, saß ich mit vor Rührung tränenden Augen dabei und genoss den Augenblick. Wenn Aike das Geräkel von Rijk aber doch zu lange dauerte, zog er ihn einfach am Arm oder am Bein und Rijk nahm ihm das nicht übel. Ich konnte beobachten, dass er Aikes Tollpatschigkeit akzeptierte, während er bei meinen Unachtsamkeiten stets Protest äußerte.

Aike spürte Rijks Bemühen. Er verlagerte sein Spiel jetzt an den Platz, wo Rijk lag. Er fühlte sich dazu aufgerufen, für Rijk den Unterhalter zu spielen, tanzte ausgelassen, erfand die unterschiedlichsten "Kuck-Kuck-Spiele", versteckte sich hinter Gardinen, verkleidete sich und zog Grimassen, die wettbewerbsreif waren. Wir lernten hierbei sein schauspielerisches Talent kennen, amüsierten uns und freuten uns sehr über die gegenseitige Annäherung unserer Kinder.

War ich mit Rijk allein, legte ich mich manchmal neben ihn und wir hörten zusammen Musik. Ich empfand sehr viel Zärtlichkeit und endlich ließ Rijk mir Ruhe und Zeit, ihn in mich aufzunehmen. Mein Herz entspannte sich und ich bekam Seelentrost. Tief bewegt fühlte ich, dass ich diese Nähe zu Rijk nicht wieder verlieren durfte.

Auch Fritz hatte diese Augenblicke mit Rijk. Wir hatten den Eindruck, dass Rijk eine andere Bewusstseinsebene erreicht hatte. Es gab Augenblicke der Ruhe, Entspannung und Gemeinsamkeit.

Es entfalteten sich in dieser Zeit gewisse Rituale. Jeder hatte kleine Ideen, die uns Freude bereiteten. Ich glaube, dass Aike sich langsam mit seiner Rolle arrangierte. Rijks zunehmende Toleranz ließ ihm mehr Raum und er spürte, dass Rijk ihn einfach toll fand. "Rijk ist lieb", sagte er zu mir. "Ja, und dich kleinen Lausebengel habe ich ganz,

ganz lieb." Ich rannte hinter ihm her, fing ihn und überhäufte ihn mit Schmuseeinheiten, die er lachend abwehrte. Es war wieder Zeit für Scherze und Albereien und endlich konnte auch Rijk sich an dem "GGRRR" und "Buh" und "Wuah" erfreuen.

Bald konnte ich beim Füttern an Rijks Augen erkennen, dass Aike hinter meinem Rücken irgendwelchen Unsinn anstellte. Während ich hochkonzentriert mit dem Füttern beschäftigt war, kletterte Aike unerlaubterweise ausgelassen auf die Arbeitsplatte der Küche, öffnete die Türen und donnerte sie wieder zu. Schimpfte ich mit Aike, war Rijk begeistert. Er schrie nicht mehr ängstlich auf, sondern fand es gut, wenn ich mich von Aike "ärgern" lassen musste.

Wir wagten es jetzt, mit Rijk weiter spazieren zu gehen. Er gewöhnte sich an den behindertengerechten Kinderwagen, den er bis dahin immer vehement abgelehnt hatte und blieb jetzt für eine gewisse Zeit darin liegen. Ich brauchte ihn nicht mehr ständig zu tragen.

Dann gewöhnten wir ihn an den Autositz. Täglich wiederholten wir kleine Fahrten und dehnten die Zeit aus. Wurde Rijk zu unruhig, nahm ich ihn auf den Schoß. Immerhin wurde es jetzt möglich, mit ihm längere Strecken zurückzulegen. Wir machten Ausflüge und tasteten uns dabei immer weiter. Wir konnten unsere Familie wieder besuchen oder kurze Abstecher bei Freunden machen. Nach wie vor hatte Rijk Angst bei lauten Geräuschen und Menschenansammlungen. Also suchten wir uns eher Ausflugsziele, die ruhig waren.

Das Leben begann wieder etwas Spaß zu machen - und ohne dass ich mir dessen bewusst wurde, geriet die Frage der geistigen Behinderung dabei ins Hintertreffen. Rijk gewann in meinen Augen jetzt deutlich an Persönlichkeit mit eigenen Vorlieben und Abneigungen. Ich lernte ihn in immer feineren Facetten kennen und vergaß manchmal sogar, dass er ein schwerstbehindertes Kind war. Es war einfach schön, sein zunehmendes Interesse zu entdecken.

Ich stellte am Ende eines Tages erstaunt fest, dass wir wenigstens für kurze Augenblicke unsere Lebensfreude wiedergefunden hatten. Meine Rufe um Hilfe schienen erhört worden zu sein. Rijk hatte im Augenblick der absoluten Dunkelheit kleine Lichter senden können, die mir Hoffnung gaben. Es schien zwischen ihm und mir eine Verbindung zu geben, die es nicht zuließ, aufzugeben.

Rijks zunehmende Wachsamkeit hatte allerdings auch zur Folge, dass er den Protest gegen die Krankengymnastik deutlicher auszudrücken wusste. Ich turnte mit ihm die sanfteren Vojta-Übungen und war dabei immer weniger von meinem Tun überzeugt. Rijk spürte vielleicht diese Unentschlossenheit und protestierte noch massiver gegen die Übungen.

Er ließ sich nur noch unter Geschrei ausziehen, wenn ich ihn hierzu auf die Vojta-Liege legte. Später weinte er bereits, wenn ich mit ihm das Turnzimmer betrat, was sich in den folgenden Wochen wiederum dahingehend steigerte, dass er bereits anfing sein Mündchen zum Weinen zu verziehen, wenn ich ihn in die Richtung des Zimmers trug. Deutlich zeigte er mir, dass er sehr wohl wusste, was hier auf ihn zukam.

Er setzte das in den Übungen Erlernte nicht mehr in seinem Alltag ein, zeigte zwar Stützreaktionen beim Turnen, aber nicht beim Liegen auf seinem Platz. Seine Kopfkontrolle wurde schlechter und er drehte sich nicht mehr vom Rücken auf den Bauch. Er ließ sich nur sehr ungerne auf den Bauch drehen und verwehrte in zunehmendem Maße jede Form von Aufforderung.

Entgegengesetzt zu seiner wachsenden mentalen Wachheit zeigte Rijk also im Bereich der motorischen Entwicklung eher Rückschritte. Unbekannte Bewegungen wurden von ihm abgelehnt, er reagierte abwehrend. Alles, was ein gewisses Maß an Kraft und Ausdauer benötigte, schien ihn zu überfordern.

Immer wieder fragte ich mich, ob er die erwarteten Bewegungen wirklich nicht umsetzen konnte oder ob die Situation des Turnens so unangenehm war, dass er den Bewegungsmustern in anderen Situationen auswich?

Ich wollte nicht mehr lange gegen sein Missfallen weiterarbeiten, hatte aber bisher auch keine richtige Alternative gefunden.

Ich besuchte seit einigen Wochen eine Ergotherapeutin, um weitere Anregungen für Rijk kennen zu lernen. Da diese Therapeutin sowohl eine Vojta- als auch eine Bobath-Ausbildung hatte, sprachen wir oft über das Für und Wider der Vojta-Therapie und überlegten, ob ich mit Rijk vielleicht nach dem Bobath-Konzept turnen sollte.

Das Ehepaar Bobath hatte Anfang der fünfziger Jahre eine Therapie für Kinder mit einer Cerebralparese entwickelt.

Sie beobachteten bei der Entwicklung ihres Konzepts Kinder, die an einer Bewegungsstörung litten und sahen trotz des breiten Spektrums verschiedener Behinderungen mit den entsprechenden Beeinträchtigungen eine gewisse Gemeinsamkeit im Aufbau sogenannter pathologischer oder nicht gesunder Bewegungsmuster.

Bei der krankengymnastischen Begleitung des Kindes wird nun versucht, in den Prozess des Aufbaus oder der Festigung dieser pathologischen Bewegungsmuster einzugreifen.

Der Therapeut bemüht sich, die ungewünschten Haltungs- und Bewegungsmuster zu hemmen und mit dem Kind Alternativen zu erarbeiten, indem er fehlgesteuerte Haltungsmuster korrigiert und "gesunde" Bewegungen anbahnt.

Dem Kind werden in der Therapiestunde bestimmte Reize, wie z. B. ein Spielzeug angeboten. Reagiert es dann auf diese Reize, kann der Therapeut eine gewünschte Bewegung mit dem Kind einüben, um das anvisierte Ziel zu erreichen.

Wichtig bei der Arbeit nach Bobath ist die Motivation des Kindes und seine Fähigkeit, eine gewisse Aufmerksamkeit zu entwickeln. Es muss zu einem wechselseitigen "Gespräch" mit dem Therapeuten fähig sein, sich motivieren lassen und auf angebotene Reize wie Berührung, Bewegung, akustische und optische Signale reagieren können.

Zum Konzept der Bobath-Therapie gehört auch ein bestimmtes Handling im Alltag, das von den Eltern erlernt werden soll. Richtiges Tragen und Sitzen und die richtige Lagerung sind wesentliche Bestandteile und gehen so in den täglichen Umgang mit dem Kind ein.

Je nach Schweregrad der Behinderung ist die Mitarbeit und Unterstützung anderer Fachdisziplinen notwendig, wie etwa die der Ergotherapeuten (Beschäftigungstherapeuten) zur Unterstützung und zum Aufbau der kognitiven und feinmotorischen Fähigkeiten oder der Logopäden (Sprachtherapeuten) zum Aufbau der Nahrungsaufnahme, der Atmung und der Artikulation.

Während der Vojta-Therapeut das Bobath-Konzept leicht als Spielerei abtut und beklagt, dass dieses Konzept durch die Notwendigkeit der Zusammenarbeit mit Beschäftigungs- und Sprachtherapeuten für die Eltern sehr umfangreich ist und zudem eine ganztägige Berücksichtigung des Handlings erfordere, berufen sich die Bobath-Therapeuten darauf, dass ein erfolgreicher Einsatz von Übungen grundsätzlich vom Kind mitgetragen werden muss.

Der Eigenwille des Kindes wird in dem Bobath-Konzept wesentlich stärker berücksichtigt, da sie von der Annahme ausgehen, dass eine Übung eben nur dann wirken kann, wenn sie nicht über den Kopf des Kindes hinweg angewendet wird. Die Vojta-Therapie dagegen ist bei ihrer Arbeit nicht von Spaß, Lust oder Aufmerksamkeit abhängig. Sie arbeitet mit dem Wachrufen bestimmter Reflexe, die das Kind, egal in welcher mentalen Verfassung es sich befindet, abrufen kann.

Für mich stellte sich nun die Frage, ob Rijk in der Lage war, genug Interesse und Motivation zu entwickeln. Mir erschien das erste Aufflammen eines Interesses, das sich im Spiel mit Aike oder auch in anderen Situationen zu zeigen begann, als Basis für eine Therapie noch nicht ausreichend zu sein. Insgesamt waren Rijks Interesse und Ausdauer sehr wechselhaft und kurzweilig. Bei den Spielen der Frühförderung zeigte er immer wieder, dass seine Konzentration schnell nachließ. Da er zusätzlich alles Neue eher ablehnte als neugierig aufnahm, sah ich eigentlich keine Möglichkeit, ihn entsprechend zu motivieren.

Außerdem hatte ich Angst vor möglichen Deformationen der Gelenke, Hüftproblemen oder Sehnen- und Muskelverkürzungen. Von vielen Seiten wurde mir gesagt, dass Rijks Spastik einfach zu stark ausgeprägt sei, um auf die Vojtagymnastik verzichten zu können. Auch die Ergotherapeutin bezweifelte, ob ein Therapiewechsel für

Rijk gut sei. Ich saß also nach wie vor in der Zwickmühle und fühlte mich dabei äußerst unwohl, denn das, was wir bislang an Therapie gemacht hatten, stellte sich mit jedem Tag mehr in Frage. So versuchte ich das Bobath-Handling im Alltag zu berücksichtigen und turnte zweimal am Tag weiter nach Vojta.

Das Zauberwort
"Doman-Delacato"?

Durch Zufall sah Fritz ein halbes Jahr nach dem Besuch in München eine Sendung im Fernsehen, in der eine Therapie für spastisch gelähmte Kinder vorgestellt wurde, die in Amerika entwickelt worden war.

Als Kontaktadresse wurde ein Verein angegeben, den die Eltern betroffener Kinder in Deutschland gegründet hatten.

Ich rief am nächsten Tag dort an und mir wurde die Adresse eines Instituts in England gegeben, das nach dieser Therapie arbeitete. Außerdem bot man uns an, eine Familie zu besuchen, die mit ihrem Kind diese Therapie praktizierte.

Neugierig geworden vereinbarte ich telefonisch mit der Mutter des Kindes einen Besuchstermin.

Auf der Fahrt war ich ziemlich aufgeregt und nervös, denn Fritz erzählte begeistert von den Kindern in der Fernsehsendung.

Bei unserer Ankunft lernten wir die Eltern als sehr engagierte und freundliche Menschen kennen, mit denen wir ein gemeinsames Schicksal teilten.

Das Mädchen, damals 15 Jahre alt, hatte sowohl in ihrer Physiognomie als auch in ihrer Ausstrahlung viel Ähnlichkeit mit Rijk. Sie war groß und schlank, hatte zarte Gliedmaßen und ausdrucksvolle dunkle Augen.

Der Verlauf der Behinderung und die sich daraus ergebenden Einschränkungen waren denen von Rijk frappierend ähnlich, wobei die Eltern uns sagten, dass ihre Tochter im Alter von Rijk nicht so aufnahmebereit gewirkt hatte.

Sie kannten die gleichen Untersuchungen, Diagnosen und Therapien. Sie hatten die gleichen Momente der Freude, des Zweifels und des Kummers erlebt.

Wir erzählten uns gegenseitig unsere Geschichten und mir tat die Unterhaltung mit einer Frau, die das Gleiche wie ich gefühlt hatte, gut.

Ich sah, dass ihre Tochter inzwischen stabil im Rollstuhl sitzen konnte und sich durch Kriechen fortbewegte. Sie verständigte sich über einen Computer, hatte lesen und schreiben gelernt und sollte in einem Jahr sogar ihren Realschulabschluss machen. Als ich sie sah, war ich sehr gerührt und beeindruckt. Das Mädchen wirkte auf mich stark und zufrieden, auch wenn sie täglich viel leisten musste.

Ich war begeistert von ihren Fortschritten und erahnte eine Lebensperspektive für Rijk.

Die Mutter erklärte uns die einzelnen Übungen der "Doman-Delacato-Therapie" und uns wurde klar, dass die Erfolge des Mädchens nicht auf ein Wunder zurück-zuführen, sondern Ergebnisse jahrelanger disziplinierter Arbeit und guter Organisation waren. Das Programm war sehr, sehr umfangreich und in zahlreiche Übungen unter-

teilt, die den gesamten Tagesablauf des Kindes bestimmten.

Um dieses Pensum einhalten zu können, waren neben dem
eigenen Engagement zum einen Hilfskräfte notwendig,
zum anderen war die Therapie aber auch mit erheblichen
finanziellen Aufwendungen verbunden.

Wir tauschten unsere Gedanken und Erfahrungen aus und
versuchten abzuwägen, ob dieses Programm überhaupt für
unsere Familie in Frage kommen würde.

Als wir wieder nach Hause fuhren, diskutierten wir die
Vor- und Nachteile und beschlossen, uns genauer zu
informieren.

Ich kaufte mir zwei Bücher, die die "Doman-Delacato-
Therapie" beschrieben und wir versuchten, die Hintergründe dessen, was wir gesehen hatten, zu verstehen.

Diese Therapie wurde in den fünfziger Jahren von Glenn
Doman (Physiotherapeut), Carl H. Delacato (Sonderpäda-
goge) und Robert Doman (Orthopäde) entwickelt.

In ihren Überlegungen gehen die oben genannten
Therapeuten davon aus, dass jede Behinderung auf eine
Verletzung des Gehirns zurückzuführen ist.

Sie sehen parallel zur Entwicklung des Kindes, das nach
einer bestimmten Abfolge das Kriechen, Krabbeln und
Laufen erlernt, den stufenweisen Aufbau des Gehirns und
unterteilen diesen in 8 aufeinanderfolgenden Stufen.

Mit jeder erreichten Stufe sind bestimmte neue
Fähigkeiten im Bereich der Motorik, Sprache, Hand-

funktionen, des Ertastens/Erfühlens, des Sehens und des Hörens verbunden.

Das Gehirn eines gesunden Kindes durchläuft also in den ersten Jahren eine rasante Entwicklung, wobei es dabei von der Dominanz sogenannter niederer Hirnbereiche zur Dominanz höherer Hirnbereiche voranschreitet.

Dabei erfährt das Kind eine Vielzahl von Impulsen und Anregungen, die, durch die Sinnesorgane aufgenommen und zum Gehirn weitergeleitet, dort zum Ausplastizieren oder Entfalten des Gehirns führen.

Das Unvermögen, sich altersgemäß zu bewegen, bestimmte Reize zu verarbeiten und angemessen zu reagieren, gilt als ein nach außen hin sichtbar gewordenes Erscheinungsbild einer Verletzung bestimmter Hirnbereiche. Kann ein Kind eine bestimmte Bewegung, wie z. B. das Kriechen, nicht erlernen, wird anhand des Gehirn-Stufen-Modells deutlich, welche Gehirnebene des Kindes durch eine Verletzung geschädigt wurde.

Die gegenwärtige Entwicklungsstufe eines Kindes wird bei Doman-Delacato als "neurologisches Alter" bezeichnet, das bei einem hirnverletzten Kind deutlich vom tatsächlichen Lebensalter abweichen kann. In der Einteilung des neurologischen Alters werden die Fähigkeiten des Kindes in den Bereichen Motorik, Sprache, Handfunktionen, Ertasten/Erfühlen, Sehen und Hören festgehalten.

Von dem Gedanken ausgehend, dass jeder Mensch ein erhebliches Ausmaß an "schlafenden Hirnebenen" zur Verfügung hat, die er normalerweise nie nutzt, sollen die von der Schädigung betroffenen Hirnregionen kompensiert werden.

Dieses erfolgt durch die Eingabe bestimmter Impulse, die von außen an die Sinnesorgane herangetragen werden und über die Weiterleitung der Nervenbahnen die bislang ungenutzten Hirnregionen wecken. Das Gehirn wird neu plastiziert und das Kind kann so die Fähigkeiten erlernen, die es aufgrund der ursprünglichen Schädigung nicht erwerben konnte.

Als Impulseingaben werden in einem Programm Übungen zusammengestellt, die der verletzten Hirnebene entsprechen. So gehört z. B. zum Aufbau der unteren Hirnebenen das Rumpfwiegen und Kriechen, während zum Aufbau höherer Ebenen das Krabbeln und zur höchsten Ebene das Laufen und Springen gehört.

Die Vernetzung der Bereiche Bewegung, Sehen, Hören, Handfunktionen etc. auf einer Gehirnebene bedeutet, dass zum stabilen, sicheren Aufbau einer "Ersatzregion" all diese Bereiche durch Impulseingaben immer wieder gefördert werden müssen.

So sieht ein Therapieplan nach Doman-Delacato vielfältigste Übungen in den oben genannten Bereichen vor.

Die Eltern arbeiten täglich mit ihrem Kind nach dem Übungsprogramm, das oft einen zeitlichen Umfang von acht oder neun Stunden beträgt. Ungefähr jedes halbe Jahr kehren sie in das Institut zurück, um die Entwicklung des Kindes unter Anwendung der einzelnen Übungen zu überprüfen und gegebenenfalls bestimmte Übungen zu verändern.

Kernpunkt des Doman-Programms ist das sogenannte "Pattern", bei dem zunächst die Bewegung des Kriechens mit dem Kind nachvollzogen wird. Dem Gehirn wird der genaue Bewegungsablauf eingegeben, der dort gespeichert, später in eigenständige Bewegung umgesetzt werden soll.

Für den genauen Bewegungsablauf dieser Übung werden drei oder sogar fünf Helfer benötigt.

Das hirngeschädigte Kind muss zum Erlernen des Kriechens stufenweise die Bewegungen eines gesunden Kindes nachvollziehen. Angefangen von der freien, willkürlichen Bewegung der Glieder über die Fähigkeit im Kreuzmuster auf dem Bauch zu kriechen, im Kreuzmuster zu krabbeln bis hin zum Laufen, Hüpfen, Überspringen usw. werden die motorischen Übungen im Laufe der Jahre über acht Stufen geübt.

Neben diesen motorischen Übungen soll das Kind die Impulse für die anderen Entwicklungsbereiche erhalten.

Ihm werden verschiedene Formen von Hör- und Sehstimulationen angeboten.

Die Wahrnehmung der Haut wird z. B. durch verschiedene Massagen oder Warm- und Kaltkompressen gefördert, die in ihren Nuancen bei steigender Differenzierung verändert werden.

Das Training der Handfunktionen besteht aus verschiedenen Greif- und Tastübungen.

Hinzu kommt die Schulung des Gleichgewichtssinns und der Raumwahrnehmung durch verschiedene Dreh-, Roll- und Schaukelübungen.

Die Sprachentwicklung oder die Begriffsbildung soll gefördert werden, indem das Kind immer wieder zum Verstehen und Sprechen aufgefordert wird. Unter anderem werden auch Bildkarten gezeigt und erklärt.

Für den Mundbereich gibt es ebenfalls verschiedene Massagen. Dem Kind werden verschiedene Geschmäcker und Gerüche angeboten.

In Hinblick auf eine verbesserte Nahrungsaufnahme erhält das Kind ein "Esstraining".

Ein anderer Schwerpunkt liegt bei der Doman-Therapie im Aufbau einer tieferen Atmung. Beobachtungen haben gezeigt, dass die Atmung bei einem behinderten Kind meist viel zu flach ist. Die reduzierte Sauerstoffversorgung soll zu einer Unterversorgung des Gehirns und als Rückkoppelung zu einer Unterversorgung der einzelnen Organe führen. Dieses wiederum hat eine schnelle Ermüdung und verminderte Aufmerksamkeit zur Folge.

Die Kinder sind in ihrer Ausdauer eingeschränkt und neigen zu Infekten.

Als Stimulanzmittel für eine tiefere Atmung wird den Kindern bei der Therapie mehrmals täglich für eine Minute eine Atemmaske aufgesetzt, die deutlich die Atemtätigkeit anregt. Davon ausgehend, dass bei der Organbildung die Funktion die Form bestimmt, hofft man so auf eine größere Lungenkapazität.

Beim Lesen der Literatur fand ich vieles von dem, was ich täglich mit Rijk erlebte. Hier wurde endlich von Kindern gesprochen, deren Schwere der Behinderung mit der von Rijk vergleichbar war.

Mir wurde bewusst, wie umfassend das Problem der Cerebralparese sein konnte. Rijks Unfähigkeit sich anzupassen wurde verständlicher und wieder wurde mein Gefühl bestätigt, dass seine Unzufriedenheit letztendlich auf eine Dauerfrustration zurückzuführen war.

Carl H. Delacato hat über lange Zeiträume mit autistischen Kindern gearbeitet und beschreibt den Autismus sehr eindrucksvoll als eine Wahrnehmungsstörung, durch die die Kindern die Eindrücke in ihrer Wertigkeit nicht richtig sortieren können.

Er schildert die Angst dieser Kinder vor dem daraus entstehenden Chaos und den Rückzug als Überlebens- programm. Er beschreibt an Einzelbeispielen den unbedingten Wunsch nach Impulsen und Reizen, die dem Menschen das Gefühl geben zu leben, und die aufgrund der Wahrnehmungsstörungen von den betroffenen Kindern in ihrer Deutlichkeit anders empfunden werden als von gesunden Menschen. Sie erreichen die Kinder nicht mit der Deutlichkeit, die sie in ihrem Lebensdrang sättigen könnte.

Ich erkannte Rijk in den Berichten wieder. Auch er konnte sich viele Reize durch seine Bewegungsunfähigkeit nicht vermitteln und die erreichbaren Reize durch die Wahrnehmungsstörung nicht deutlich genug empfinden.

Ich sah mein Kind, das bei Nichtbeschäftigung unzufrieden wurde und erinnerte mich an viele Situationen, die mir zeigten, dass seine Empfindsamkeit anders war. Ich erinnerte mich an das geliebte Kratzen der Katze, an seine Freude bei fast schmerzhaften Hauterfahrungen und an das schreckliche Haareausreißen. Ich sah Rijk vor mir, wie er immer wieder erschreckt zusammenzuckte bei scheinbar Normalem.

Auch wenn wir sehen konnten, dass seine Ängstlichkeit in letzter Zeit zurückgegangen war, bot sich uns hier die Chance, ihn zu unterstützen.

Würden wir sein Bedürfnis nach Anregungen durch starke Reize sättigen können und dies im Laufe der Zeit differenzieren, bedeutete die damit wachsende Schulung und Ausreifung des Gehirns eine bessere Anpassung an das Leben und den Abbau von Angst und Rückzug.

Rijk zeigte mir doch täglich seinen Durst nach mehr. Auch wenn seine Ausdauer gering war, zeigte seine Freude an den unterschiedlichen Formen des Bespieltwerdens einen Wunsch nach Anregungen.

Ich fühlte seinen Drang zu leben. Seine Hände wollten ertasten, seine Augen sehen, sein Geist wollte begreifen. Er wollte Musik hören und seinen Körper fühlen. Er wollte die Welt begreifen. Deutlich zeigte er das Gefühl der Zufriedenheit und des Sattseins, wenn wir ihm dieses anboten.

Doch die gezielten Körperbewegungen, die Bewegung seiner Augen und seiner Hände waren verzögert - und genauso schien seine Möglichkeit, neue Eindrücke zu verarbeiten und darauf zu reagieren dem Gebot der Langsamkeit zu unterliegen.

War es möglich, ihn in diesem Bereich zu "trainieren" und ihm damit die Welt ein Stückchen zugänglicher zu machen? Konnte er dadurch mehr Zufriedenheit erlangen?

Viele Eltern, mit denen ich über den Verein Kontakt aufgenommen hatte, berichteten mir von ihren Erfolgen und erzählten, dass ihr Kind neben den Fortschritten in der Bewegung vor allem in ihren Reaktionsmöglichkeiten angemessener und schneller geworden waren. Die Kinder waren deutlich weniger infektanfällig und damit stabiler geworden. Die Mütter zeigten sich von den Auswirkungen der Atemtherapie beeindruckt. Immer wieder hörte ich, wie sehr die Familiensituation durch die zunehmende Sicherheit des Kinder entlastet worden war.

Durch diese positiven Berichte betroffener Eltern bestärkt, überlegten wir, wie diese Therapie für Rijk möglich gemacht werden konnte. Wir entwickelten sowohl Pläne für die Finanzierung als auch für die Gesamtorganisation.

Wäre es möglich, auch bei Rijk die Infekte zu vermeiden oder zu mildern, wenn er besser atmen lernte? Welch eine Erleichterung wäre allein damit verbunden gewesen!

Ich träumte davon, für uns etwas mehr Normalität zu finden.

So vieles, was ich gelesen hatte, traf ganz genau auf Rijk zu. Die Therapie schien wie ein Maßanzug auf ihn zugeschnitten zu sein, weil alle Probleme angesprochen wurden.

Alles schien mir so logisch aufgebaut und ich glaubte zu verstehen, was genau Rijks Problem war.

Was mir auch gut gefiel, war das gezielte Arbeiten nach einem ausgearbeiteten Plan. War ich bislang durch die Zerstückelung der einzelnen Fachdisziplinen unseres Therapieangebots auf ständige Koordination und Fahrten angewiesen, so schienen hier die einzelnen Übungen aufeinander abgestimmt und sinnvoll miteinander verbunden zu sein.

Da die Doman-Delacato-Therapie aber leider zum damaligen Zeitpunkt in Deutschland nicht anerkannt war, mussten die anfallenden Kosten für den Aufenthalt in England, die nötigen Hilfskräfte sowie für die verschiedenen Therapiehilfsmittel selber getragen werden.

Wir hatten zum einen nicht das Geld, um den finanziellen Aufwand abdecken zu können und zum anderen wussten wir nicht, woher wir die vielen Hilfskräfte nehmen sollten. Trotz dieser Schwierigkeiten wollten wir den Gedanken nicht verwerfen.

Durch eine Bekannte, die als Heilpädagogin an einer Waldorfschule arbeitete, erhielt ich kurze Zeit später die Adresse einer Frau, die die Doman-Therapie mit der anthroposophischen Heilpädagogik und der Sinneslehre von Rudolf Steiner zu verbinden versuchte und in der Nähe von Stuttgart arbeitete.

Ich fragte eine andere Bekannte, die als Erzieherin gearbeitet hatte und mit der Waldorfpädagogik vertraut war, ob sie Lust hätte, mit mir nach Stuttgart zu fahren. Ich glaubte, dass sie nach unserem dortigen Aufenthalt vielleicht bereit sei, mich neben Ina zu Hause zu unterstützen. Da Gisela Rijk sehr mochte und neugierig geworden war, begleitete sie uns gern.

So reisten wir in der Hoffnung, etwas Gutes für Rijk tun zu können, nach Stuttgart. Rijk war jetzt knapp drei Jahre alt.

Der Besuch bei Frau Tächl - oder: Wie schön ist doch die Welt!

Wir fuhren mit dem Zug nach Stuttgart. Rijk war zwar unruhig, aber wir konnten die Reise ohne große Schwierigkeiten bewältigen. Bei den vorhergehenden Telefongesprächen hatte man uns angeboten, im Haus der Therapeutin zu schlafen und wir wurden nun ausgesprochen herzlich aufgenommen. Auch Rijk fühlte sich in der gemütlichen und freundlichen Atmosphäre wohl. Er zeigte keine Angst.

Frau Tächl sah Rijk in den folgenden Tagen beim Essen, Schlafen, Liegen und Spielen und nahm ihn in seiner Gesamtheit wahr. Sie ging vorsichtig und respektvoll mit ihm um, fragte nach seinen Gewohnheiten, Vorlieben und Abneigungen. Die Gespräche mit ihr taten mir sehr gut. Ich fühlte mich als Mutter in meinem Anliegen um Rijk verstanden und unterstützt. Wir wollten gemeinsam versuchen, das Rätsel Rijk zu lösen.

Gisela und ich versuchten die Gedanken, die hinter den uns gezeigten Übungen standen, einigermaßen zu erfassen. Trotz meiner "Vorarbeit" musste ich viele neue Begriffe und Erklärungen zum neurologischem Aufbau beim Kind aufnehmen und verstehen.

Die Theorie, die uns vor allem das "Warum" bestimmter Übungen erklären sollte, wurde tagsüber durch die Anwendung der Übungen in die Praxis umgesetzt. Frau

Tächl zeigte hierbei viel Sensibilität und Engagement. Sie eröffnete uns einen reichen Schatz an kindgemäßer Förderung.

Sie erfühlte sehr genau, mit welchen Übungen Rijk erreicht werden konnte. Ich vertraute ihr, weil ich spürte, dass sie Rijks seelisches Befinden erkannte.

Bevor Rijk morgens angezogen und abends ausgezogen wurde, kam er zunächst in den Genuss einer ausgedehnten Ganzkörpermassage.

Da die Wahrnehmung der Beidseitigkeit seines Körpers nur sehr schwach ausgeprägt zu sein schien, wurden ihm bei der Massage die linke und rechte Körperhälfte "eingestrichen". Die Wahrnehmung der Körperseiten wurde uns als Basis für das Kriechen erklärt.

Die Massage war unwahrscheinlich liebevoll. Wir hatten Rijk als Schatz vor uns liegen und massierten seinen Körper mit wohlriechenden Ölen, sprachen dabei Verse und Reime und zeigten ihm seine Beine, Arme, Finger, Zehen usw... Es tat ihm sichtlich gut.

Ich war sehr neugierig auf die anderen Übungen und wollte sehen, wie Rijk sich beim "Pattern" verhielt, um ab-schätzen zu können, ob dieses Bewegungsprogramm für uns überhaupt durchführbar war.

Bevor wir aber mit den eigentlichen Kriechübungen anfingen, wurde Rijk zunächst in einem großen Tuch geschaukelt. Er kannte dieses Schaukeln bisher nicht. Seine Augen rollten hin und her, doch da wir sehr vorsichtig waren, konnte er diese neue Erfahrung ohne Angst auf sich wirken lassen.

Um ihn als Vorbereitung zum Pattern auf die Links- und Rechtsseitigkeit einzustimmen, wurde er von uns nach dem Schaukeln für die sogenannte "Rumpfwiege" auf den Bauch gelegt und sanft hin- und hergewogen. Dabei führte einer seinen Kopf und die anderen beiden hoben und senkten seine Körperseiten. Wir sangen dazu ein Lied, das den Rhythmus der Bewegung unterstützte.

Das anschließende "Pattern" (Kriechen) verlief ebenfalls rhythmisiert durch das Sprechen von Versen oder das Singen von Liedern. Sowohl für das sogenannte "Team" als auch für Rijk war das Einfinden in den Bewegungsablauf dadurch leichter. Rijk mochte es einfach gerne, wenn ihm etwas vorgesungen wurde. Er horchte auf und schien das Neue durch den Klang der vertrauten Stimmen angstfreier auf sich wirken lassen zu können. Er wurde sowohl von dem Rhythmus der Bewegung als auch von dem unserer Stimmen in den neuen Bewegungsablauf hineingetragen. Es entstand eine Atmosphäre der Gemeinsamkeit. Rijk versteifte sich zwar manchmal und zeigte einen gewissen Unwillen sich bewegen zu lassen, doch verglichen mit seinem Schreien bei der Vojta-Therapie waren diese Unmutsäußerungen für mich gut zu ertragen. Mit liebevoller Konsequenz wurde dieser Teil der Therapie durchgeführt. Einer bewegte seinen Kopf und die anderen jeweils auf einer Seite seine Gliedmaßen in einem bestimmten Kriechmuster, bei dem das jeweilige Bein und der Arm angewinkelt und wieder gestreckt wurde. Die Handflächen und Fußsohleninnenkanten sollten dabei die Unterlage berühren, damit Rijk deutliche Impulse bekam. Ihm wurde gezeigt, wie der Bewegungsablauf des Kriechens verläuft und wie sich diese Bewegung anfühlt.

Diese "eingegebenen" Muster sollte er anschließend aktiv umsetzen. Er kroch mit unterstützender Hilfe auf dem Boden. Hatte er ein bestimmtes Ziel erreicht, konnten wir ihn für diese wunderbare Leistung loben und er war sichtlich stolz.

Die Verbindung von Bewegung und dem damit Erreichbaren gefiel mir sehr gut, denn ich glaubte schon, dass Rijk den Sinn einer Bewegung erfassen konnte. Endlich konnte er so etwas wie Erfolgserlebnisse empfinden.

Um den Gleichgewichtssinn und die Ausdifferenzierung der Nervenbahnen anzuregen, wurde er anschließend in meinen Armen geschaukelt und gedreht.

Anschließend sollte er seine Hände kennen- und gebrauchen lernen. Dieses geschah durch verschiedene Fingerspiele und eine kombinierte Hand- und Fuß-massage. Wir übten das Greifen mit den Händen und dabei besonders den "Pinzettengriff".

Durch die Fußmassage wurden verschiedene Körper-punkte und Organe angesprochen und gestärkt, der gesamte Energiefluss des Körpers sollte aktiviert werden. Diese Massage wurde von Spielen, Reimen und intensiver sprachlicher Zuwendung getragen. Wir saßen Rijk gegenüber und sagten ihm, was wir taten, forderten ihn zum Spiel auf und warteten auf seine Reaktionen. Das Geschehen war geprägt durch absolute Zuwendung, durch Ruhe, Geborgenheit und für mich durch meine Liebe zu Rijk. Ich fühlte mich ihm sehr nah und auch er muss diese Nähe gespürt haben, denn er liebkoste mich mit seinen Augen und versuchte immer mich zu berühren. Er war wach und konzentriert.

Vielleicht hatte das vorausgegangene Bewegungspro-gramm ihn gelockert oder er konnte sich aufgrund einer gewissen positiven körperlichen Erschöpfung jetzt in die Ruhe begeben, ich war jedenfalls sehr beeindruckt, wie weit ich Rijk jetzt erreichen konnte. Glück und Freude durchströmten mich.

Neben dem Bewegungsprogramm und der Massage sollten wir darauf achten, dass Rijk die Möglichkeiten bekam, Dinge, die ihn umgaben, durch Anfassen, Riechen und Schmecken zu begreifen.

Jedes Kind erklärt sich seine Welt durch Ausprobieren. Rijk fehlte als bewegungseingeschränktem Kind dazu oft die Möglichkeit. Er brauchte jemanden, der ihn zu den einzelnen Spielsachen, Mobiles etc., aber auch zu den Dingen des Alltags hintrug. Wir vollzogen vieles von dem nach, was ein Kind bei seiner Eroberung der Welt tut, wodurch es sich Begriffe schafft und seinen Erfahrungsschatz bereichert. Dieses Nachvollziehen geschah bei Rijk in sehr langsamem, ruhigem Tempo und ich hatte das Gefühl, dass er so begreifen konnte.

Das Sehenlernen, das uns Frau Tächl in seiner Entwicklung als hochkomplizierten und über viele Jahre sich entwickelnden Vorgang erklärt hatte, übten wir durch das Hinführen und Entfernen optisch reizvoller Dinge.

Auch die Gehörbildung wurde durch verschiedene Töne, Musik oder Lieder angeregt, was Rijk immer wieder verzauberte.

All das geschah spielerisch, aber auch auffordernd. Ich konnte an Rijks Gesicht ablesen, wie er die Eindrücke in sich aufnahm. Vieles erschien mir jetzt so klar und selbstverständlich. Vorher war mir die Notwendigkeit, Rijk die Welt so zuzutragen, nicht bewusst genug gewesen. Ich hatte auch nicht gewusst, wie ich seine Bereitschaft dazu wachrufen konnte. Jetzt wurde er aus dem Dornröschenschlaf geweckt.

Gegen Ende unseres Besuches entwarfen wir einen Tagesplan, der die mehrfache Wiederholung der einzelnen Übungen vorsah. Rijk sollte seine Ruhephasen der Entspannung finden, dann aber auch gefördert werden.

Wir überlegten, wer welche Übungen machen und wie auch Aike in den Ablauf einbezogen werden konnte. Ich hatte während der letzten Tage neben der Therapie viel von Aike erzählt, von meinen Sorgen, meinem schlechten

Gewissen und dem Bemühen, Aikes Interessen mit Rijks Bedürfnissen in Einklang zu bringen.

Tatsächlich waren die Nachmittage in den letzten Monaten entspannter geworden, da Rijk jetzt auch einfach mal für kurze Zeit beobachtend liegen blieb. Trotzdem blieben die Stunden, wo ich mich hätte teilen mögen und dabei immer Angst hatte, dass die Zeit für Rijk davonrannte.

Es gab immer noch die Tage des Dauerquengelns.

Frau Tächl meinte, dass Rijk sich gegenwärtig nicht besser anpassen konnte und dass es wichtig sei, ihn über die Entwicklung einer sichereren Wahrnehmung in unser Leben zu holen. Ich wurde aufgefordert, endlich mal wieder an mich zu denken, indem ich besser als bisher organisierte und lernte Hilfen anzunehmen. In der gemeinsamen Überlegung begann ich vieles zu überdenken. Wir planten unseren Alltag lebenspraktisch und berücksichtigten viele Bereiche unseres Familienlebens. Die Übungen von Rijk wurden sinnvoll in das Tagesgeschehen eingebunden und gaben uns einen festen Rhythmus.

Eigentlich möchte ich die in Göppingen kennen gelernte Therapie eher als Lebensbegleitung bezeichnen. Sie war eine Aufforderung an Rijk, das Leben mit seinen schönen, aber auch anstrengenden Seiten anzunehmen. Einige Übungen waren für ihn sicherlich mühsam, andere aber auch wieder verlockend schön. Ich sah eine Ausgewogenheit zwischen Anforderung und Spaß.

Endlich konnte ich den Lebensdurst meines behinderten Kindes stillen. Ich glaubte fest daran, damit die Wege in ein zufriedeneres Leben ebnen zu können.

Es war die erste Reise, die mir Mut und Zuspruch gab und ich fühlte in mir eine Kraft und Energie, die ich schon lange verloren geglaubt hatte.

Zu Hause angekommen, zeigte ich Fritz die Massagen, Übungen und Spiele. Sofort war er begeistert. Er spürte die positive Atmosphäre, die damit verbunden war und teilte mit mir die Meinung, dass wir eine für Rijk gerechte Therapie gefunden hatten. Zusammen freuten wir uns und überlegten, wie wir im Einzelnen bei der Umsetzung der Therapie vorgehen sollten.

Zunächst fragte ich meine Familie, ob sie uns finanziell unterstützen würde, damit Gisela zusätzlich nachmittags kommen konnte. Meine Mutter war wie wir sehr glücklich, dass wir anscheinend einen neuen Weg gefunden hatten und sagte uns selbstverständlich ihre Unterstützung zu.

Ina wollte mir also morgens, Gisela nachmittags helfen.

Ich stellte einen Wochenplan auf, denn wir brauchten für die Kriechübungen, die täglich viermal gemacht werden sollten, zusätzliche Helfer, sodass wir dann zu dritt mit Rijk turnen konnten.

Morgens gegen 9.00 Uhr konnte Fritz mit uns pattern und gegen 11.00 Uhr kam Anne. Da sie täglich bei einem

Nachbarn die Pflege übernommen hatte und auf dem Rückweg an unserem Haus vorbeifuhr, konnte sie nach einer Anfrage bei der Sozialstation für ungefähr eine Viertelstunde zu uns kommen, ohne dass für uns zusätzliche Kosten entstanden.

Für die Nachmittage fragte ich jeweils einen unserer Nachbarn, ob sie einmal pro Woche für 10 Minuten helfen könnten. Anhand des Wochenplans suchten sie sich einen Tag aus, wobei einige auch bereit waren zwei- oder dreimal zu uns zu kommen. Ihre Hilfsbereitschaft war sehr beeindruckend.

Über die örtliche Kirchengemeinde konnte ich weitere Helfer organisieren, und bald waren wir eine ansehnliche "Pattergemeinschaft", ohne dass ich das Gefühl hatte, die einzelnen zu überfordern.

Ich war überrascht, wie entgegenkommend viele waren und erfuhr in dieser Zeit, dass es gut war, auf andere Menschen zuzugehen und sie an unserem Leben teilhaben zu lassen.

Ich verlor das Gefühl der Isolation und gewann durch die mir entgegengebrachte Unterstützung an Selbstwertgefühl und Optimismus.

Rijk wurde in der ersten "Übergangszeit", in der er langsam in die neuen Übungen eingeführt wurde, noch ein- bis zweimal am Tag nach der Vojtamethode beturnt. Ich mochte mich noch immer nicht von dieser "Restsicherheit" lösen, doch bald wurde mir bewusst, dass es auf Grund der unterschiedlichen Herangehensweisen und der Fülle des Programms wohl nicht möglich war, diese beiden Therapieformen ergänzend miteinander zu verbinden.

Ich wollte unseren Anspruch auf die krankengymnastische Betreuung jedoch nutzen und fand eine Bobath-Krankengymnastin, die unserer Therapie gegenüber aufgeschlossen war. Sie zeigte mir, wie manche Bobath-Übungen mit unseren kombiniert werden konnten. Da Rijk bei beiden Ansätzen bewegt, aber auch in bestimmten Positionen gehalten werden sollte, erwiesen sich die unterstützenden Handgriffe der Bobath-Übungen als geradezu unverzichtbar, denn sie konnten ihn immer wieder aus seinen Versteifungen lösen und machten ihm das Hineinfindenkönnen in die neuen Bewegungen oder Körperhaltungen viel leichter. Das gesamte Therapieprogramm wurde durch das Wissen der Krankengymnastin bereichert. Sie zeigte mir, wie ich Rijk am besten in der Senkrechten halten konnte, welche Lagerung beim Schaukeln gut war oder wie ich die Arme beim Drehen um die eigene Achse führen sollte. Außerdem bekam ich viele Anregungen aus anderen Therapiebereichen, wie z.B. der "Sensorischen Integration". Diese betrafen vor allem die Schulung der räumlichen Wahrnehmung, des Gleichgewichtssinns, sowie der Wahrnehmung des eigenen Körpers. Nach meiner Einschätzung hatten einige Übungen des uns bisher bekannten Doman-Programms viele Parallelen zu anderen Therapien und ich glaubte, hier eine sehr gute Ergänzung gefunden zu haben.

Bezüglich der Essschwierigkeiten fand ich durch die Krankengymnastin ebenfalls eine große Hilfe, da sie zusätzlich nach einem Ansatz von "Castillo-Moralis" als Therapeutin für den Gesichts- und Mund-, also für den Orofazialbereich ausgebildet war. Gezielt kann man mit dieser Therapie Kinder behandeln, die unter Saug-, Kau-, Schluck- und Sprechstörungen leiden.

Die Zusammenarbeit mit der Bobath-Therapeutin unterstützte mich. Ich lernte sehr viel, konnte immer wieder fragen und wir erreichten, dass Rijk wieder mehr Spaß am Bewegtwerden fand. Ich sah, was Rijk trotz seiner Behinderung konnte und wie das Vorhandene genutzt wurde, um ihn in eine Bewegung hineinzuführen. Seine Ablehnung neuen Erfahrungen gegenüber wurde geringer, seine Toleranzbereitschaft und Ausdauer nahm, wenn auch in minimalen Schritten, zu.

Und sein ganzer Körper wurde mitgetragen von schadenfrohem Juchzen

Im Laufe der nächsten Wochen flossen die neuen Übungen in unseren Tagesablauf ein, wurden vertrauter und nach anfänglichen Unsicherheiten hatten wir bald ein Programm entwickelt, das Rijk angemessen war.

Wir guckten, was er bereit war anzunehmen und die unterschiedlichen Ideen mündeten in einen Strom, der ihn in ein reicheres Leben tragen sollte.

Bevor er morgens gefüttert wurde, begrüßte ich ihn durch das Streicheln seiner Hände und Füße, seines Kopfes und durch das vibrierende Auflegen meiner Handflächen auf seinen Rücken.

Nach dem Frühstück wurde er am ganzen Körper massiert. Ausgezogen legte ich ihn auf den Bauch und ließ ihn zunächst an dem Öl riechen. Begleitet von dem Erzählen einer Geschichte oder von dem Singen eines Reimes wiegte ich seinen Körper, massierte die linke und rechte Seite seines Rückens und seiner Arme und Beine. Er war sehr entspannt und aufmerksam. Von den Körperseiten ausgehend lernte er anschließend die Körpermitte und durch Einstreichen die Überkreuzung der linken und rechten Körperseite kennen. Ihm wurde gezeigt, wie "groß und dick" er war, wo seine Beine und Arme anfingen und aufhörten, welche einzelnen Zehen zu seinen Füßen und welche Fingerchen zu seinen Händen gehörten. Die Fußsohlen zeigten ihm die untere, das Streichen seines Kopfes die obere Grenze seines Körpers. Sein Gesicht wurde in allen Einzelheiten von mir berührt, seine Augenlider gestreichelt, seine Nase durch Stupser berührt, seine Ohren durch Ausstreichen der Ohrmuschel liebkost. Ich benannte die jeweiligen Körperteile und zeigte sie ihm auch mit seinen Händchen.

Das, was ein Kind sich bei Gesundheit durch Erforschen des Körpers selbst vermittelt und später durch Bewegung ausprobiert, versuchte ich Rijk auf diesem Wege zu zeigen: die einzelnen Körperteile in ihrer Beidseitigkeit, die Körpermitte und die Möglichkeit der Überkreuzung.

Es war eine Entdeckungsreise, die eingebettet war in sprachliche Melodie und die zu einem wunderschönen Ritual wurde, das er sehr, sehr genoss.

Legte ich ihn danach wieder auf den Rücken, zeigte ich ihm seinen Bauch und seine Beine. Ich bewegte seine Beinchen durch Anwinkeln und Strecken. Er liebte es, mich mit seinen Füßen wegzustoßen, wenn ich diese gegen meinen Bauch stellte und lernte so die Kraft seiner Beine kennen. Stolperte ich zurück und verlor das Gleichgewicht in einer etwas theatralisch übertriebenen Form, konnte Rijk vor Vergnügen nicht mehr an sich halten und sein ganzer Körper wurde mitgetragen von seinem schadenfrohen Juchzen. Er war begeistert!

Versuchte ich, ihn wieder anzuziehen, zeigte er sehr deutlich, dass er daran interessiert war, diese Spiele für einige Zeit fortzusetzen.

Ich staunte immer wieder, was jetzt möglich wurde, welches Maß an Nähe er zuließ, wie offen er war. Wie von Zauberhand verschwand das Nörgeln und mein Kind wollte endlich von mir gedrückt, gestreichelt, geküsst und beschmust werden.

Rijk konnte und konnte einfach nicht genug bekommen.

Er war unglaublich süß. Ich pustete auf seinen Bauch und seinen Nacken, küsste seine Füßchen, knabberte an seinen Zehen und steckte sie vorsichtig in seinen Mund. Auch seine Hand wurde von mir zuerst zu meinem und dann zu seinem Mund geführt. Da er dabei ganz schön zukneifen konnte, endete dieser Spaß für mich nicht selten mit einer leicht blutenden Unterlippe.

Ich ließ ihn mein Gesicht und meine Haare streicheln. Wieder griff er nach meiner Brille und wollte sie mir von der Nase ziehen. Spitzbübisch und frech nahm er meinen "Protest" zur Kenntnis und ließ die Brille nur sehr langsam wieder los.

Vor mir lag plötzlich ein richtig kleiner Lausebengel, der seine Mutter gerne zum Narren hielt und der mich mit seiner Zärtlichkeit sehr glücklich machen konnte. Der Tag hatte mit diesem schönen Gefühl der Verbundenheit und Nähe begonnen.

Ich verzögerte den Prozess des Anziehens noch durch das Massieren mit Schwämmen und Bürsten, Tüchern und Federn. Legte ich ein Tuch über ihn, zog er es weg. Oder ich verdeckte damit mein Gesicht und wartete. Er lernte, seine Hand in die gewünschte Richtung zu führen und zu greifen, doch wichtiger war, dass er sich so freuen konnte, wenn mein Gesicht plötzlich wieder da war und ich ihm ruckzuck einen Kuss gegeben hatte.

Hatte Rijk Lust, cremte ich ihn ein oder ich tropfte Öl auf seine Hand und ließ ihn selbst seinen Bauch eincremen. Ich legte Kompressen, die ich mir aus der Apotheke besorgt hatte, gekühlt oder erwärmt auf seinen Körper.

Beim Anziehen benannte ich die Kleidungsstücke. Zog ich dann aber das Hemdchen über die Beine oder den Pullover über die Füße, stutzte er.

Zum Abschluss ließ ich ihn, in Bauchlage an den Rand des Tisches gelegt, Bälle, Dosen oder ähnliches hinunterwerfen. Er sah interessiert, was seine Hände bewirken konnten.

Nach dem Anziehen wurde Rijk von uns in ein Tuch gelegt und geschaukelt. Aike kam, wenn er noch zu Hause war, oft dazu oder wollte im Anschluss ebenfalls in den Genuss dieser "Übung" kommen. Wir sangen dabei ein

Lied, das die Kinder im Rhythmus begleitete:

"Schwinge, schwinge, schwinge

Klinge, Glocke, klinge

Läute, Glocke, läute,

Montag ist es heute"

Rijk hörte genau zu. Ließen wir einzelne Wörter aus, schien er sich zu wundern. Immer wieder fragten wir uns, inwieweit er unsere Sprache inzwischen verstehen konnte.

Nach dem Schaukeln im Tuch wurde er zur Rumpfwiege und zum anschließenden Pattern auf den Küchentisch gelegt. Zunächst wiegten wir seinen Körper zur linken und rechten Seite. Anschließend zeigten wir ihm das vorgegebene Kriechmuster des Patterns. Rijk mochte diese Übung nicht besonders gerne und versteifte sich, doch mit der Zeit entwickelten wir eine gewisse Technik, die versteiften Gliedmaßen zu lockern und die Übung fortzusetzen.

Unmittelbar nach dem Pattern wurde er auf den Boden gelegt. In Bauchlage stützten wir seine Fußsohlen ab. Bälle und verschiedene Spielzeugtiere, die sich fortbewegen konnten, zeigten ihm den Weg. Rijk reagierte darauf und versuchte diese Tierchen einzuholen. Tatsächlich setzte er dabei die Bewegungsmuster des Kriechens ein, die wir ihm vorher gezeigt hatten. Welch ein Erfolg!

Hatte er sein Ziel erreicht, konnte er das entsprechende Spielzeug mit unserer Hilfe aufnehmen und wurde für diese hervorragende Leistung gelobt.

Nach einer kleinen Pause, in der Rijk diesen Erfolg genießen und die gemachten Erfahrungen nachwirken lassen konnte, wurde er auf einer runden Scheibe, die wir an mehreren Seilen an der Wohnzimmerdecke angebracht hatten, geschaukelt und gedreht.

Erstaunlicherweise gefiel ihm dieses Drehen, bei dem sich eine hohe Geschwindigkeit entwickelte. Jedem Erwachsenen wäre dabei schlecht geworden, doch sowohl Rijk als auch Aike hatten ihren Spaß daran.

Nach einer weiteren Pause sollte Rijk auf dem Boden um seine eigene Achse gedreht werden. Hierbei konnte ich das erlernte "Handling" der Bobath-Therapie anwenden. Langsam drehte ich ihn vom Rücken über die Seite auf den Bauch. Durch die Führung des Oberkörpers und der Arme lernte er hier bestimmte Abstützmöglichkeiten kennen. Sein Gleichgewichtssinn wurde gefördert. Je nach Befindlichkeit konnte dieses Drehen um die eigene Achse ausgebaut werden oder wir rollten ihn in eine weiche Turnmatte ein und drehten ihn ganz schnell wieder heraus.

Nach dem Drehen legten wir Rijk auf seinen Lieblingsplatz und ließen ihn gucken und beobachten. Er bekam eine kleine Mahlzeit. Ich versuchte, ihm etwas Festeres zum Kauen zu geben und bot ihm schluckweise unterschiedliche Tees an.

Anschließend zog sich einer mit ihm für die Fuß- und Handmassage zurück. Im "Hot-Shot" gelagert, spielten wir mit ihm, guckten uns Bilderbücher an, erzählten kleine Geschichten oder machten mit ihm auf einer Kinderharfe Musik.

Wir massierten seine Handflächen, seine Finger und seine Füße mit den einzelnen Zehen.

Über die Fußmassage stimulierten wir den Mund- und Handbereich sowie die einzelnen Organe. Sie war in einen Kinderreim eingebunden, der dem Geschehen Lebendigkeit und Spaß gab. Die dabei entstandene Atmosphäre hatte einen ganz eigenen Zauber und ließ Rijk bis in sein Innerstes aufhorchen.

Die Funktion seiner Hände lernte er zusätzlich über verschiedene Greifübungen kennen. Bewusst ließen wir ihn wieder seine Hände und Füße zum Mund führen.

Wir zeigten ihm verschiedene Fingerspiele, wie z. B.:

"Das ist der Daumen,
    der pflückt die Pflaumen,
    der hebt sie auf,
    der bringt sie nach Haus,
    und dieser kleine hier, ja, Rijk, dieser kleine, der
    isst sie alle, alle auf."

Zogen wir beim Festhalten des kleinen Fingers ordentlich und ließen seinen Arm dabei schaukeln, war Rijk vergnügt.

Nach der Massage wiederholten wir das Schaukeln und die Kriechübungen auf dem Tisch oder ich übte mit ihm die Abstützreaktionen und Übungen auf einem Krankengymnastikball. Von hinten im Ellbogenstütz gehalten, bot ich ihm hier verschiedene Spielzeuge zum Ergreifen und Wegfallenlassen an.

Er konnte mit seinen Händen auf dem Ball trommeln oder sich wieder mit seinen Füßen von meinem Bauch wegstemmen, wobei seine Arme dann langgestreckt den Boden berührten und die Handflächen flach sein Körpergewicht abstützten. Manchmal mochte Rijk es gerne, wenn er, gehalten durch die Auflage auf dem Ball, einen Kopfstand machen konnte.

Kurz vor Mittag gingen wir mit ihm nach draußen, trugen ihn durch das Wäldchen und ließen ihn in aller Ruhe Bäume, Pflanzen, Blätter, Erde, Sand etc. ertasten. Wir versuchten, ihm das hier Erfahrene zu erklären, setzten uns mit ihm auf unsere Schaukel, die an einem Ast einer alten und kräftigen Plantane befestigt war, und er schaute fasziniert in die Baumkrone.

Bei der Zubereitung des Essens hielt einer von uns Rijk auf dem Arm und ließ ihn probieren. Er liebte es, mit unserer Hilfe die Schranktüren zu öffnen und sie dann kräftig wieder zufallen zu lassen. Wir übten mit ihm, einzelne Becher (vorzugsweise aus Plastik), Teller und anderes Geschirr aus dem Schrank zu nehmen und es möglichst vorsichtig mit ihm gemeinsam zum Tisch zu tragen und dort wieder abzustellen.

Zu zweit ließen wir ihn Besen, Staubsauger und andere Haushaltsgegenstände anfassen. Während der eine Rijk auf den Armen trug, versuchte der andere den Gebrauch der Gegenstände mit seinen Händen nachzuahmen.

Trugen wir ihn in senkrechter Position auf ein bestimmtes Objekt zu, um es ihm in die Hand zu geben, kam es schon öfter vor, dass seine Hände sich nach dem Ergreifen nicht wieder öffnen wollten. Wir benannten den Gegenstand und baten ihn fast flehend darum, ihn doch bitte, bitte wieder loszulassen, doch je nach Lust und Laune wurde die Blume zerrupft oder die Flasche einfach hinuntergeworfen, wenn wir gerade nicht die Hände zum Auffangen darunter hielten. Es war schwer einzuschätzen, ob dieses Festhalten von ihm willentlich gelenkt wurde oder nicht. Sein erfreuter Gesichtsausdruck beim Aufprall auf dem Boden sprach aber eher dafür, dass er den passenden Moment abgewartet hatte.

Beim Essen mussten wir sehr auf seine Rumpf- und Kopfhaltung achten, damit das Schlucken nicht durch Überstreckung zusätzlich erschwert wurde.

Da Rijk einen riesigen Spaß daran entwickelt hatte, gegen den Breilöffel zu hauen, war es sinnvoll, sich ihm beim Füttern aufmerksam zuzuwenden. Auf meinem Schoß sitzend griff er nach meinem Pullover oder meiner Kette. Hängende Ohrringe interessierten ihn ebenfalls sehr und wurden von mir nur noch als Clipse getragen, die ich provozierend vor seinem Gesichtsfeld hin und herbaumeln ließ. Je mehr ich mich "ärgern" konnte, wenn er daran zog, desto größer war seine Freude. Ina und Gisela mussten buchstäblich ihre Haare lassen, wenn Rijk es nach einigen Versuchen geschafft hatte, eine Haarsträhne zu erwischen.

Der Nachmittag war nach einer ausgiebigen Mittagspause mit einer Wiederholung dieses Programms ausgefüllt, wobei wir uns nicht strikt an die Planung hielten, sondern je nach Befindlichkeit die einzelnen Übungen streckten, verkürzten oder gegebenenfalls auch ausfallen ließen.

Besonders zum späteren Nachmittag hin konnte Rijk deutlich zeigen, dass er seine Grenzen erreicht hatte und sich nicht mehr körperlich verausgaben konnte.

Da das Ausziehen aber wieder mit seiner geliebten Ganzkörpermassage verbunden war, fand der Tag einen guten Abschluss.

Wir teilten die Übungen so auf, dass genug Zeit für mich und Aike blieb. Da er morgens den Kindergarten besuchte, legte ich meine Schwerpunkte auf diesen Zeitraum. Kam Aike nach Hause, aßen wir zu Mittag. Danach schlief Rijk jetzt mindestens für eine Stunde. Auch Aike und ich legten uns ins Bett, erzählten uns etwas oder ich las ihm eine Geschichte vor. Gegen drei Uhr kam Gisela und ich hatte, bis auf die Kriechübungen, Zeit.

Abends deckten wir den Tisch und aßen gemeinsam. Danach wurden die Kinder gewaschen. Wir legten Rijk auf seine Decken, setzten uns zu ihm und Gisela spielte für die Kinder ein Lied. Sie sagte beiden Kindern Gute Nacht und verabschiedete sich. Rijk beschäftigte sich noch ein wenig mit dem Spielzeug, das in seiner Nähe lag und schlief irgendwann ein, ohne zu weinen. Erfreut stellten wir nach einigen Wochen fest, dass er tatsächlich seinen Mund als Sinnesorgan entdeckt hatte. Entspannt lag er abends beim Einschlafen auf der Seite und hatte nicht nur den Daumen, sondern seine ganze Hand im Mund verschwinden lassen. Er sollte sich später zu einem regelrechten Handsauger entwickeln, der seinem Vergnügen in jeder Lebenslage nachzukommen versuchte.

Er fand nun entspannt in den Schlaf und konnte nachts endlich durchschlafen. Ich brachte Aike ins Bett und hatte den Abend für mich. Am nächsten Morgen war Rijk ausgeschlafen. Anstatt zu nörgeln wirkte er ausgeruht und entspannt. Wir waren alle wesentlich ausgeglichener als früher.

Für mich waren diese Monate nach dem Besuch in Stuttgart wie eine Entdeckungsreise.

Endlich konnte ich Rijk nach Herzenslust lieb haben. Ich konnte bei den Massagen und Spielen die ersehnte Nähe zu ihm finden und jeden Tag beobachten, wie aus dem verschreckten, ängstlichen und jammernden Rijk langsam, aber sicher, ein neugieriges, aufgewecktes und humorvolles Kind wurde, das mein Leben sehr bereichern konnte.

Mir lag diese "Therapiearbeit", ich hatte selbst Spaß an den "Übungen" und konnte Rijk mein Vergnügen an unserem Zusammensein zeigen. Es war für mich unwahrscheinlich wichtig, mit ihm Momente der Freude erleben zu können.

Ich liebte seinen Schalk und sein Lachen. Genüsslich nahm ich es in mich auf. Wenn er mich mit seinen Händen berührte, durchströmte mich ein ganz intensives Glücksgefühl und ich empfing seine Zuneigung mit tiefster Dankbarkeit. Rijk spürte meine Freude und Überzeugung.

Ich denke schon, dass es bei der Wahl einer Therapie wichtig ist, die Fähigkeiten und Neigungen der Mutter mit einzubeziehen und die daraus erfolgte Entscheidung immer wieder neu zu überdenken. Sowohl der erhebliche Zeitaufwand als auch die Notwendigkeit der guten Organisation machten mir sehr viel weniger Probleme als der permanente Druck, jeden Tag wieder und wieder etwas Ungewolltes tun zu müssen.

Ich fühlte mich in der Anwesenheit von Ina und Gisela wohl. Wir bezogen Aike, so oft es ging, mit ein. Saßen wir zu viert zusammen, konnte Rijk mit Unterstützung an Aikes Spiel teilnehmen. Er hörte die Geschichten, die Aike erzählt wurden, malte und knetete, indem wir seine Händchen führten.

Er konnte durch Aikes Anwesenheit eine normale Kinderwelt erfahren.

Aike äußerte nie mehr sein Missfallen über Rijks Anwesenheit und war außerdem gerne mit Ina und Gisela zusammen. Sie bereicherten auch sein Leben und wurden seine Nebenmütter.

Inzwischen kamen viele Menschen in unser Haus. Sie nahmen an unserem Leben teil und lernten Rijk kennen. Sie sahen, wie niedlich er sein konnte und die Schranken vor einer Auseinandersetzung mit seiner Behinderung fielen. Ging ich mit Rijk spazieren, wurde er von ihnen begrüßt und gestreichelt. Sie waren alle sehr herzlich und vermittelten mir das Gefühl, dass sie gerne zu uns kamen. Ich fühlte nicht mehr bloßes Mitleid, sondern konnte ihr wachsendes Interesse an Rijk wahrnehmen - und ganz nebenbei erfuhr ich auch die wichtigsten Ereignisse außerhalb meiner kleinen Welt.

Die vielen kleinen Erfolgserlebnisse, die sich jetzt zeigten, und Rijks Freude darüber gaben mir ein positives Lebensgefühl. Damit schwand die übergroße Bedeutung des Kriechen, Krabbeln und Laufenlernens. Es wurde nicht unwichtig, aber die Gedanken an einen gewünschten Fortschritt rissen mich seltener in ihren düsteren Sog.

Rijks Leben war anders und sicher in vielerlei Beziehungen mühevoller. Aber er genoss Liebe und Zuwendung. Er wurde beschützt, um die in ihm wohnenden Kräfte zu entfalten.

Motorisch gesehen entwickelte er sich in dieser Zeit im Schneckentempo auf einen sicheren Ellbogenstütz zu. Er begann wieder, sich zu rollen und gewann manche Fähigkeiten, die er durch die Krankheiten verloren hatte, zurück. In Bauchlage bewegte er seine Beine im Kriechmuster. Da er aber im Oberkörper oft nicht stabil genug war und beim Abstützen seines Kopfes immer wieder zusammenbrach, war es für ihn schwer, auf diese Weise voranzukommen.

Sehr deutlich verminderten sich aber in den nächsten Monaten die befürchteten autistischen Verhaltensweisen, und dieses war für uns überaus erfreulich.

Rijk konnte sein "Fremdeln" aufgeben und ich nahm ihn jetzt immer häufiger mit, wenn ich etwas zu erledigen hatte. Ich konnte mit ihm allein im Auto fahren. Gelassen saß er im Autositz und schlief bei längeren Strecken ein.

Auch beim Einkaufen lag er inzwischen völlig entspannt in seinem behindertengerechten Kinderwagen. Es machte ihm jetzt nichts mehr aus, wenn in seiner Nähe Kinder tobten, Musik gespielt wurde oder unerwartete Geräusche seine Ruhe störten. Er konnte Menschenansammlungen ohne Angst ertragen. Fuhren wir in die Stadt und gingen mit Aike anschließend auf seinen Lieblingsspielplatz, beobachtete Rijk die Kinder. Ich trug ihn umher, kletterte auf die Rutsche und sauste mit ihm hinunter.

Vieles wurde möglich, was früher undenkbar gewesen war. Wir freuten uns über Kleinigkeiten, die für andere Eltern selbstverständlich waren. Wir waren stolz auf Rijk und auf uns.

Wenn wir unsere Freunde und unsere Familie besuchten, lag Rijk in der fremden Umgebung auf seiner Krabbeldecke und spielte mit seinen Händen oder mit seiner Rassel. Setzten wir uns zu ihm, versuchte er uns zu berühren. Er wollte ganz nahen Kontakt und wir gingen dazu über, auf dem Boden Kaffee zu trinken.

Rijk begann mit "Öhh" - Tönen in unterschiedlichen Stimmlagen zu sprechen und wir verstanden ihn. Er sagte: "Kommt her" anstatt "Lasst mich in Ruhe".

The "British Institute for Brain Injured Children"

Ich verschob die ursprünglich geplante Reise nach England um Monate und Monate, da ich mit dem Zustand von Rijk zunächst zufrieden war und ihn nicht durch weitere Übungen überfordern wollte. Da mich aber die Therapeutin immer wieder dazu aufforderte, meldete ich uns schließlich in dem Institut in England an.

Kurz nach seinem vierten Geburtstag flog ich mit Rijk in Begleitung meines Bruders nach Bristol. Wir hatten uns in Bridgwater ein Zimmer gemietet und konnten von hier aus täglich das "British Institute for Brain Injured Children" besuchen, das zum damaligen Zeitpunkt seit 12 Jahren nach der "Doman-Delacato-Methode" arbeitete.

Bei unserer Ankunft besprach man mit uns zunächst die Planung der folgenden Tage. Danach wurde Rijk von einem Kinderarzt untersucht, um festzustellen, ob akute gesundheitliche Gründe gegen die Anwendung des Therapieprogramms sprechen würden. Wir hatten vorher verschiedene Berichte zugeschickt und der Arzt konnte sich aufgrund dieser Informationen ein Bild von Rijk machen und es durch eigene Beobachtungen ergänzen.

Am folgenden Tag wurde das Entwicklungsprofil erstellt. Deutlich zeigte sich hier das Auseinanderklaffen der motorischen und sensorischen Entwicklung. Rijk zeigte ein gewisses Verständnis der Sprache und konnte im

Bereich der visuellen und taktilen Wahrnehmung wesentlich höher eingestuft werden als im Bereich seiner motorischen Fähigkeiten. Das Entwicklungsprofil wurde mit uns besprochen und überdacht, wobei ich sehr detailliert nach bestimmten Verhaltensweisen oder Reaktionen gefragt wurde.

In einem Vortrag, der am dritten Tag stattfand, erklärte uns der Leiter des Instituts die Hintergründe und die Methode der „Doman-Delacato-Therapie". Sehr ausführlich wurde hier anhand verschiedener Informationen auf den Sinn der einzelnen Übungen eingegangen. Dieser Vortrag wurde simultan übersetzt und berücksichtigte die verschiedenen Fragen der Eltern. Wir bekamen für die nächsten Tage einen Verlaufsplan, in dem die Termine bei den einzelnen Therapeuten festgehalten waren und der uns die Möglichkeit gab, durch eigene Notizen den dort beschriebenen Ablauf der einzelnen Übungen zu ergänzen.

Im motorischen Bereich stand bei Rijk das Problem der mangelnden Kopfkontrolle im Vordergrund. Wir lernten neue Übungen zur Stärkung der Nacken- und Rückenmuskulatur kennen. Rijk sollte z. B. in Bauchlage mit gestreckten Armen einen Stab festhalten und seinen Kopf beim Anheben und Senken dieses Stabes mitführen. Verschiedene Massagen der hier angesprochenen Muskel- und Gewebebereiche sollten diese Übungen unterstützen.

Das Pattern wurde bei Rijk durch zwei weitere Übungen ergänzt. Um das anschließende Bodenkriechen zu erleichtern, wurde Rijk dabei auf eine höhenverstellbare Rampe gelegt. Er konnte so ohne unsere Unterstützung mehrere Meter zurücklegen. Man gab uns einen genauen Bauplan dieser Rampe sowie des Pattertisches mit, damit wir beides zu Hause nachbauen konnten.

Man wies uns nochmals auf die Wichtigkeit der verschiedenen Schaukel- und Drehübungen hin, da sie Rijk in seiner gesamten Raumwahrnehmung stabilisierten, den Sehweg anbahnten und erheblich zum neurologischen Aufbau beitrugen.

Im Bereich der Sprachförderung war es das oberste Ziel, Rijks Neugierde zu wecken. Wir sollten ihm z. B. mehrmals täglich drei- oder vierzeilige Reime vorsprechen und dabei mit der Zeit einzelne Wörter weglassen und ihn zum Lautieren dieser Wörter auffordern. Bei einfachen Aufforderungen wurde uns geraten, auf seine Reaktion zu warten und ihn bewusst zu loben, wenn er diesen folgte. Unser gesamtes Tun sollte bewusster von Sprache begleitet werden.

Für die Handfunktionen zeigte man uns neben der grundsätzlichen Förderung durch die motorischen Übungen, wie z. B. die Stangenübung oder das Pattern, verschiedene Massagen und Greifübungen.

Eine augenärztliche Untersuchung zeigte, dass Rijk eine Brille brauchte. Schon in dem Vortrag hatten wir erfahren können, dass Hirnverletzungen fast immer mit Seh- schwierigkeiten verbunden sind. Rijk sollte laut dieser

Untersuchung nur undeutlich sehen können, wobei noch hinzukam, dass er bei Anstrengung und Müdigkeit die parallele Stellung der Augen nicht aufrechterhalten konnte und dass seine Pupillen eine verzögerte Reaktion bei Licht und Dunkelheit zeigten.

Rijks Sehschulung wurde durch optische Anreize gefördert. Wir bekamen Beispiele einfacher, jedoch wirkungsvoller Maßnahmen, um seine Aufmerksamkeit beim Sehen zu steigern. Dazu sollten wir alle 2 Tage durch eine andere Anordnung oder durch das Wechseln von Mobiles und selbstgebauten optischen Reizen die für ihn vertrauten Räume verändern.

Neu war für mich der Gebrauch einer Taschenlampe, um die Reaktionsfähigkeit der Pupillen zu trainieren. In bestimmten Intervallen wurde sein rechtes und linkes Auge mit einer schwachen Taschenlampe in einer Entfernung von ungefähr 20 cm angeleuchtet.

Wir bekamen die Empfehlung, eine "Black-Box" zu bauen, in der man fluoreszierende Bilder zeigen konnte, die von ultra-violettem Licht angestrahlt wurden und so für Rijk leichter zu erkennen waren. Dabei sollten wir ihm im wöchentlichen Rhythmus Bilder einer bestimmten Kategorie (z. B. Möbel, Kleidung etc.) zeigen und diese benennen.

Auch andere Übungen, wie z. B. das langsame Hinführen und Entfernen von Gegenständen dienten der Entwicklung eines besseren Sehvermögens. Bevorzugt wurden dabei ebenfalls leuchtende oder aufblinkende Spielzeuge, Silvesterschmuck oder Wunderkerzen, die für Rijk optisch leichter zu erfassen waren. Die uns gezeigte Auswahl an optischen Reizen war sehr vielfältig und wir konnten einige Ideen übernehmen.

Schließlich erklärte man uns den Gebrauch der Atemmaske. Uns wurde gesagt, dass das Gehirn bei einem Erwachsenen 30%, bei einem fünfjährigen Kind 50% des gesamten Sauerstoffhaushaltes verbrauchen soll. Die Tiefe und der Rhythmus, mit dem viele behinderte Kinder atmen, ist sehr flach und ungleichmäßig, wodurch die Kinder häufig zu Erkältungen, Erkrankungen des Atemsystems, zu Müdigkeit und zu einer verminderten geistigen Wachheit neigen.

Zwischen dem Gehalt an Sauerstoff, den wir einatmen und dem Gehalt an CO_2, der bei der Ausatmung in die Atmosphäre entweicht, besteht ein direkter Zusammenhang. Das Verhältnis von Sauerstoff und CO_2 im Blutstrom wird voneinander abhängig ausgeglichen. Ein erhöhter CO_2-Gehalt im Blutstrom löst im Gehirn den Befehl aus, tiefer und schneller zu atmen.

In der Therapie werden den Kindern Atemmasken aufgesetzt, die eine Rückführung des ausgeatmeten CO_2 bewirken. So wird eine CO_2-Quelle geschaffen, die das Kind zu einer tieferen Atmung anregt. Das Kind soll durch das "Masking" einen größeren Sauerstoffspeicher ent-

wickeln. Der Brustumfang nimmt zu und die Lungenkapazität wird größer.

Rijk sollte diese Maske mehrmals täglich für 60 Sek.
aufgesetzt bekommen, wobei deutlich zu sehen war, dass
die Atmung tiefer und intensiver wurde.

Auch die Wiederholung verschiedener motorischer Übungen sollte den Atemrhythmus verbessern. Diese erinnerten
mich sehr an bestimmte Übungen aus meiner Schulzeit.
Die Arme werden zur Einatmung über den Kopf gestreckt
und zur Ausatmung an den Körper zurückgeführt.

Wir führten ein Gespräch über Rijks Ernährung. Studien
hatten gezeigt, dass bei gehirnverletzten Kindern oft eine
schlechtere Verwertung der Nahrung vorliegt. Bestimmte
Nahrungsmittel sollten vermieden, andere wiederum wegen ihrer Inhaltsstoffe bevorzugt werden. Mir wurden verschiedene Hinweise für die Zubereitung seines Essens
gegeben und man empfahl mir die Anreicherung seiner
Nahrung mit bestimmten Vitaminen und Spurenele-
menten.

Des Weiteren zeigte man uns verschiedene Möglichkeiten,
den Geruchssinn und Wahrnehmungsbereich des Gesichts-
und des Mundbereichs durch verschiedene Reize zu
stimulieren. Diese wurden mit den Mahlzeiten verbunden.
Angefangen von einer Massage der Wangen und des
inneren Mundbereichs mit Bürsten, Luftdüsen oder
kleinen Wasserspritzen sollten wir Rijk zur Tätigkeit mit
dem Mund auffordern, indem wir ihm z. B. Honig, Quark

oder ähnliches an die Innenseiten der Wangen strichen. Die Bewegung seiner Zunge und das Kauen sollte gefördert werden. Schon bei dem Gespräch über Ernährung wurde uns gesagt, dass Kinder, die nicht kauen können, oft sehr müde sind und dass Rijk auf Dauer festere Nahrung zu sich nehmen sollte. Er musste insgesamt an Gewicht zunehmen, und dazu war es wichtig, dass die Verdauungsenzyme des Speichels und des oberen Verdauungstraktes eine bessere Verwertung der Nahrung ermöglichten.

Für den Geruchssinn sollten wir Rijk vor jeder Mahlzeit drei unterschiedliche Gerüche anbieten, die sich ebenfalls in einer bestimmten Reihenfolge wiederholten. Man zeigte uns ein Etui mit 20 verschiedenen Fläschchen, deren Inhalt nach vier Wochen ausgewechselt wurde.

Am letzten Tag unseres Aufenthalts bekamen wir den Therapieplan, in dem die einzelnen Übungen beschrieben und in ihrer Reihenfolge und Dauer genau festgehalten waren. Unsere eigenen Notizen und die erlebten Erfahrungen erleichterten es mir, mich an den genauen Ablauf zu erinnern.

Ich war anfangs über die Anzahl als auch über die Häufigkeit, in der diese Übungen wiederholt werden sollten, erschrocken.

Die einzelnen Übungssequenzen waren wie folgt aufgeführt:

Maske: .... 1 Min.

Taschenlampe: .... 1 Min.

Im Tuch schaukeln: .... 1 Min.

Bewegung der Gliedmaßen: .... 5 Min.

Maske: .... 1 Min.

Taschenlampe: .... 1 Min.

Pattern: .... 5 Min.

Maske: .... 1 Min.

Taschenlampe: .... 1 Min.

Auf der Rampe kriechen: .... 5 Min.

Maske: .... 1 Min.

Taschenlampe: .... 1 Min

Rollen auf dem Boden: .... 1 Min

Physioball: .... 2 Min.

Handübungen: .... 1 Min.

Stützübungen mit dem Stock: .... 1 Min.

Beingymnastik: .... 1 Min.

Die verschiedenen Übungseinheiten unterschieden sich dadurch voneinander, dass bei der oben angeführten das Pattern mit einbezogen wurde, während bei der "Non-Pattering-Sequenz" eher die Förderung der Handwahrnehmung und des Oralbereichs vorgesehen war.

Dazu kam die Seh-, Hör- und Geschmacksschulung und das sogenannte "Intelligenzprogramm".

Die Übungen sollten jeweils 4 mal täglich durchlaufen werden. Samstag und Sonntag waren als Therapietage mit einbezogen.

Wie aber sollte es für Rijk möglich sein, diese Sequenzen in der angegebenen Zeit zu bewältigen? Er brauchte Hilfe und Zeit, um sich auf die neuen Übungen einzustellen. Wollte ich zwischen den Übungen Pausen einlegen und unser Leben nicht als Marathonveranstaltung gestalten, kam ich insgesamt auf 8 Stunden Programm und weitere 2 Stunden für die Mahlzeiten mit den entsprechenden Begleitübungen.

Konnte das wirklich gut für Rijk sein? Würde das seine gerade gewonnene Lebensqualität nicht zu sehr beschneiden?

Meine Begeisterung für dieses Programm hielt sich in Grenzen. Ich hatte jetzt ein Vielzahl an Informationen und Übungen, die in ihrer Reihenfolge angeordnet wahrscheinlich die optimale Förderung Rijks darstellten. Sie waren genau auf ihn zugeschnitten und sprachen neben der motorischen Förderung auch die anderen Bereiche seiner Entwicklung an. Sie ergänzten das, was wir mit Rijk bisher geübt hatten. Allerdings wusste ich überhaupt nicht, wie wir deren Umsetzung bewältigen sollten.

Zu Hause angekommen, setzten wir uns zusammen und überlegten, wie wir einige der neuen Übungen in unseren Tagesablauf einbeziehen konnten.

Schnell wurde uns klar, dass wir das Programm so, wie es vorgegeben war, nicht einhalten wollten. Rijk sollte nicht auf seine geliebten Spiele und Massagen verzichten müssen, um den Zeitplan einzuhalten. Die Übungen von Frau Tächl waren für seine Entwicklung sehr wichtig und vermittelten ihm das Gefühl des Wohlbefindens, der Entspannung und der Ruhe.

So ergänzten wir das bisherige Programm zunächst nur durch das Aufsetzen der Atemmaske, die Sehschulung sowie durch die Ernährungshinweise, die mir in England gegeben worden waren.

Rijk akzeptierte die Maske in nächsten Wochen sehr schnell, fand es sogar ganz witzig, wenn er sie aufgesetzt bekam, was ungefähr dreißig bis vierzig Mal am Tag gemacht werden sollte. Wir hatten die Masken im ganzen Haus verteilt und uns Stoppuhren gekauft, um die eine Minute ganz genau einhalten zu können. Die Wirkung dieser Maske war fantastisch. Rijk atmete tief und regelmäßig, sein Brustkorb dehnte sich aus. Diese Atmung setzte sich auch für kurze Zeit nach dem Abnehmen der Maske fort und ich war wirklich beeindruckt von dieser Idee.

Wir verbanden das Aufsetzen der Maske mit der Taschenlampenübung. Auch diese wurde von Rijk gut angenommen und wir meinten sehr bald eine schnellere Reaktion der Pupillen sehen zu können.

Dann bekam Rijk bald seine Brille, womit er sehr niedlich aussah. Er schien damit die Dinge tatsächlich schneller verfolgen und besser fixieren zu können. Wir sammelten alles, was glitzerte und blinkte: Weihnachts- und Silvesterschmuck, Discolichter und Zauberutensilien. Ich war erstaunt, was ich an skurrilen Dingen finden konnte und dekorierte damit unsere Küche und Rijks Zimmer in regelmäßigen Abständen um. Rijk bemerkte diese Veränderungen und guckte neugierig.

Wir forderten ihn immer wieder zum Verfolgen mit den Augen auf, indem wir uns mit Blinklichtern oder Ähnlichem auf ihn zu und wieder weg bewegten. Das Schönste aber waren für Rijk die Wunderkerzen, die in einem abgedunkelten Raum vor ihm zu tanzen schienen.

Fritz baute die Blackbox. Die Bilder wurden in Neon-farben angemalt und Rijk gezeigt. Er sah das abgebildet, was er aus seinem Alltag kannte. Oft gaben wir ihm die Gegenstände, wie z. B. einen Löffel, zuerst in die Hand, benannten ihn und zeigten ihm danach die Abbildung. Später forderten wir ihn auf, uns zu sagen, was er auf den Zeichnungen sah.

Wir stellten Wochenpläne für seine Ernährung auf, damit er eine ausgewogene und vitaminreiche Kost bekam und legten ein Depot unterschiedlicher Gerüche und Ge-schmacksrichtungen an, die Rijk im wöchentlichen Wechsel vor dem Essen angeboten wurden.

Ich bereitete sein Mittagessen als halbfeste Nahrung zu und massierte beim Füttern seine Wangen in Kreisbewegungen, um ihn zum Kauen anzuregen. Abends gab ich ihm kleine Stückchen Brot. Langsam und sehr vorsichtig begann er zu kauen. Zuerst steckte ich ein Stück in meinen Mund und dokumentierte den wunderbaren Geschmack mit ausgiebigen "Hhmm, lecker, hhmm"- Umschreibungen, die Rijk sehr amüsierten. Dann legte ich das nächste Stück in seine Backentasche.

Mit seiner Zunge holte er dieses hervor und kaute. Schließlich gab ich ihm einen ganz, ganz kleinen Schluck Tee dazu. So setzte sich das Abendbrot fort und konnte durchaus eine Stunde dauern.

Rijk sollte morgens und nachmittags möglichst zweimal mit den entsprechenden Begleitübungen pattern, was morgens gut, nachmittags aber selten eingehalten werden konnte. Dem Pattern ging wie gehabt das Schaukeln und Wiegen voraus, und im Anschluss folgte das eigenständige Kriechen auf der Rampe, das Drehen auf der Schaukel und das Rollen auf dem Boden.

Wir praktizierten mit Rijk eine Art Mischtherapie, die sich aus den Übungen von Frau Tächl, Doman und Bobath und dem Ansatz der sensorischen Integration zusammensetzte und ich glaube, dass diese Zusammensetzung gut für ihn war.

Wir versuchten über Wochen und Monate, seine Ausdauer langsam zu steigern, indem wir die motorischen Übungen zeitlich streckten oder durch etwas Neues ergänzten.

In der täglichen Durchführung der einzelnen Übungen musste ich mich mehr oder weniger auf mein Gefühl verlassen und genau beobachten, wieweit Rijk noch aufnahmebereit war.

Rijks Entwicklung bestätigte uns täglich in unseren Bemühungen.

Er wurde seltener krank und konnte kleinere Infekte schneller überwinden. Er nahm deutlich zu, erbrach nicht mehr so häufig und bekam eine rosige Gesichtsfarbe. Die Atmung wurde freier, die Atemwege waren nicht mehr so verschleimt und er konnte bei Erkältungen den Schleim leichter abhusten. Sein Brustkorb dehnte sich aus und er bekam eine fast athletische Figur.

Mit jeder Woche schien er mehr und mehr Spaß an Fortbewegungsmöglichkeiten zu finden, die mit Erfolgserlebnissen verbunden waren. Bald konnten wir bei der Kriechrampe die Neigung tiefer stellen, bis sie fast bodengleich war - und Rijk kroch, zwar mit Mühe, weiter. Er begann sogar, wenn auch in absolutem Zeitlupentempo, auf ebenem Boden zu kriechen. Seine Abstützreaktionen wurden besser, denn er gewann, vielleicht bedingt durch die verbesserte Atmung und die Ernährungsumstellung, deutlich an Kraft und Ausdauer.

Sehr bald konnte Rijk seinen Rumpf auch beim Sitzen besser stabilisieren und drehte den Kopf gezielter und schneller in die Richtung, in der etwas Interessantes geschah.

Ich träumte davon, dass er später ohne Unterstützung sitzen könne. Ebenso wünschte ich mir, dass er das Krabbeln erlernen und so doch wenigstens eine Fortbewegungsmöglichkeit finden würde. Diese Wunschvorstellungen lagen aber nun, sollte seine Entwicklung so weitergehen, durchaus im Bereich des Möglichen.

Die wachsende körperliche Sicherheit spiegelte sich in der psychischen wieder. Rijk wurde immer neugieriger und aktiver, verlor seine Scheu und reagierte sicherer auf äußere Reize.

Ich erlebte ihn als Kind, das nach Jahren der Einsamkeit seinen Weg in ein Miteinander fand. Wenn auch undeutlich, versuchte er zu artikulieren und entwickelte seine eigene Sprache.

Arbeitete ich in der Küche, lag er auf dem Bauch, hob seinen Kopf und guckte. Er rief mich mit seinen "Öhh"-Tönen und wollte, dass ich mich zu ihm setzte, Türmchen baute, die er umschmeißen konnte, ihm den Noppenball oder andere Spielzeuge in die Hände gab oder ihm auf den Bauch prustete. Kurz: Er forderte Beschäftigung und wir waren darüber unendlich glücklich.

Da Rijk gegenüber Fremden mehr und mehr Neugierde bekundete und ich sehen konnte, wie gut ihm die Anwesenheit von Ina und Gisela bekam, traute ich mich, auch für samstags nach einer Hilfskraft Ausschau zu halten. Über einen Aushang an der Universität suchte ich eine Studentin aus dem Fachbereich Sonderpädagogik. So lernte ich Birgit kennen, die froh war, neben ihrem Studium bei uns die Praxis kennen zu lernen.

Sie war sehr lieb zu Rijk. Der Samstag wurde zum "Birgit-Tag", was Rijk und uns gut gefiel. Ich gewann nochmals mehr Raum in meinem Leben, der nicht ausschließlich von Rijk bestimmt wurde. Ich wusste, dass er gut versorgt war und konnte mich unverkrampft auf neue Eindrücke und Menschen einlassen.

Des Weiteren versuchten wir über den "Familien-entlastenden Dienst" der Lebenshilfe einmal wöchentlich für abends eine Kinderbetreuung zu finden.

Ich wusste nicht, ob es richtig war, Rijk abends betreuen zu lassen. Er hatte feste Gewohnheiten und konnte mitunter sehr quengelig werden. Mein Mutterherz streikte. Fritz rief mich jedoch zum gesunden Egoismus auf. Auch Sylvia, die neue Betreuerin, zeigte eine gelassene Kompetenz, als ich ihr die eventuell auftretenden Probleme beschrieb. So verbrachten wir diese Abende meistens dann doch in Ruhe in einem Restaurant mit Gesprächen, die ohne Unterbrechung zu Ende geführt werden konnten, sahen uns interessante Filme an oder trafen Freunde. Es wurde sehr wichtig für uns, diese Abende zu haben, denn sie gaben uns die Möglichkeit, mal wieder als Paar zusammen zu sein.

Den Sonntag verbrachten wir mit unseren Kindern als Familientag. Wir nahmen sie morgens zu uns ins Bett und kuschelten ausgiebig. Nachmittags unternahmen wir Ausflüge, konnten Boot fahren, machten ein Picknick oder fuhren ans Meer. Gingen wir jetzt mit Rijk spazieren, konnte dieser Ausflug gar nicht mehr lang genug sein. Besuchten wir ein Lokal, saß er auf meinem Schoß und schaute sich neugierig um. Nach unseren Katastrophenjahren konnten wir unseren Rijk so richtig genießen.

Im Laufe der Zeit entwickelte sich so ein Wochenrhythmus, der für jeden von uns akzeptabel war. Keiner ahnte, welche Hürden wir dafür hatten nehmen müssen - und auch Fritz und ich vergaßen.

Aike gewöhnte sich sehr schnell an die vielen Frauen, die zu uns kamen. Er entdeckte ihre unterschiedlichen Leidenschaften und Interessen. Das Leben wurde bunt. Ich fühlte mich unterstützt und genoss das gemeinsame Beisammensein, fühlte mich kräftiger und entdeckte nach langer Zeit meine alten Interessen wieder.

Wir hatten Ina und Gisela, die uns täglich mit ihren Gedanken, ihrer Intuition und ihrer Tatkraft zur Seite standen. Die Verantwortung wurde geteilt. Jeder von uns hatte seine Stärken bei den einzelnen Übungen.

Ina konnte wunderbar mit Rijk die "Spiele" im Bereich der Wahrnehmung umsetzen. Gisela hatte ein schier unerschöpfliches Repertoire an Fingerspielen, Liedern und Reimen. Ich hatte Übung und Talent für das richtige Handling bei der Bewegungsführung und so glaube ich, dass jeder seinen Schwerpunkt im Ablauf des Tagesprogramms fand.

Rijk freute sich immer, wenn die beiden kamen. Da der Tag in einzelne Abschnitte eingeteilt war, saß ich bei ihrer Ankunft meistens mit ihm am Tisch und fütterte ihn. Sah Rijk Ina durch die Tür kommen, schaute er sie an und juchzte. Nachmittags klopfte Gisela an die Küchentür und Rijk konnte sie durch die Glasscheibe sehen. Kam sie anschließend herein, juchzte er wieder vor Freude und ich musste ihn gut festhalten, damit er mir aufgrund seiner Streckung nicht vom Schoß fiel. Gisela ging auf ihn zu, reichte ihm die Hand, begrüßte ihn und wartete, bis er seine kleine Hand in die ihre legte. Während mir wieder einmal die Tränen der Rührung hochstiegen, strahlte Rijk sie mit seinen Augen an und hieß sie willkommen.

Unser Umgang mit ihm war von Achtung gekennzeichnet und ich glaube, dass er diese Grundstimmung sehr wohl wahrnahm. Er war da, wurde wahrgenommen, mit einbezogen und in seiner Persönlichkeit von vielen geliebt.

So vergingen die Monate nach unserem Englandbesuch und ich lernte mein Kind immer besser kennen. Rijks Wachsamkeit steigerte sich stetig, er wurde immer süßer und wir freuten uns oft über ihn. Er lechzte jetzt geradezu nach Zärtlichkeit und Zuwendung, als wenn er vieles nachzuholen hätte. Es entstand eine Atmosphäre, die viel Raum für Späße ließ. Rijk verstand diese Späße immer besser und konnte sich unsäglich daran erfreuen. Sah ich diese Freude, wusste ich, wonach ich eigentlich während der letzten Jahre gesucht hatte. Ich hatte mir so sehr gewünscht, Lebensfreude bei dem Kind zu sehen, das ich geboren hatte. Vielleicht aber hatte ich die Bedingungen dafür manchmal missverstanden. Ich staunte jetzt, wie intensiv Rijk in bestimmten Augenblicken lebte und strahlte, ohne dass er laufen oder sprechen konnte.

Gedanken

Abends, wenn Rijk im Wohnzimmer auf seinen Decken eingeschlafen war, betrachtete ich ihn manchmal mit einer genüsslichen Ruhe. Ich liebte diese Momente der abendlichen Stille, schlich mich ganz leise zu ihm, streichelte sanft seine Hände und sein Köpfchen, legte mich vorsichtig neben ihn und verlor mich in Gedanken.

Wir hatten zusammen so viele Höhen und Tiefen erlebt und ich fühlte Dankbarkeit dafür, dass Rijk dort lag und sich in seinem Gesicht Ruhe und Zufriedenheit wider-spiegelte. Allein dieses Bild war für mich unglaublich schön.

In der Öffentlichkeit kam es oft vor, dass ich auf Rijk angesprochen wurde. Da man ihm die Behinderung nicht unmittelbar vom Gesicht ablesen konnte, wurde ich gefragt, was dieses Kind denn eigentlich habe, warum es diesen speziellen Kinderwagen brauche und nicht laufen könne.

Manchmal erklärte ich seine Situation. Teilweise empfand ich das Interesse als wohlwollend, aber es gab auch Erlebnisse, die mir zeigten, dass viele den Kontakt mit Krankheit und Behinderung nicht wünschten.

Ich wurde immer wieder daran erinnert, wie ich selbst früher Behinderte wahrgenommen hatte.

Es war wohl so, dass ich nie etwas gegen Behinderte gehabt hatte, aber auch nichts Näheres mit ihnen zu tun haben wollte. Behinderung war für mich mit Unbequemlichkeiten und Schwermut verbunden, irgendwie deprimierend, belastend.

Durch Rijks Geburt aber wurde ich selbst plötzlich Mutter eines behinderten Kindes. Ich empfand, neben den Sorgen um mein Kind, den Selbstwertverlust, der mit der Behinderung verbunden war. Ich versuchte, mich von den Eltern anderer behinderter Kinder abzugrenzen. Sah ich eine Mutter ihr Kind im Rollstuhl schieben, hoffte ich, dass es so schlimm doch bitte mit Rijk nicht kommen möge und schaute, nach Distanz suchend, weg.

Ganz langsam aber wurden meine Versuche, das Nichtgewollte abzuwehren, neben meinen Gefühlen für Rijk unwichtiger. Ich sah das Kind, das in meinen Armen lag und mich brauchte. Wenn es so nah an mich schmiegte, fühlte ich mich immer enger mit ihm verbunden. Es war so zart, hatte dunkelblaue Augen, dunkle, lockige Haare, klitzekleine Händchen, konnte bestimmte Geräusche nicht leiden - und hatte eine Vielzahl an Problemen, die wohl mit seiner Krankheit zusammenhingen. Ich liebte mein Kind, auch wenn ich wütend auf diese Behinderung war.

Für mich wurden nun eher Fragen wichtig, die das Alltägliche betrafen: Wie konnte Rijk mehr Ruhe finden? Wie bekam er genug zu essen? Welche Krankengymnastik konnte gut für ihn sein etc. ...etc. ... - und damit entstand eine andere Nähe zu den Familien Behinderter.

Es kam zum Austausch von Erfahrungen und Eindrücken. Ich lernte ihre Hilfsbereitschaft und ihr Einfühlungs-vermögen kennen. Ich war erschöpft und müde durch das fortlaufende Auf und Ab, das an meinen Kräften zehrte und fühlte mich verbunden mit den Müttern, die genauso wie ich ihre Kinder trugen, schreckliche Nächte überstanden, Krankenhausaufenthalte und die Bedrohung durch den Tod erlebten. Auch sie pflegten und förderten ihre Kinder mit Liebe und Geduld, ohne Atempause.

Ich bewunderte sie um ihre Kraft und Stärke, empfand aber auch ihre Ängste und Einsamkeit. Hatten sie Glück, wurden sie von ihrem Mann, ihrer Familie, von Freunden und Bekannten unterstützt. Mir wurde klar, dass auch ich die Hilfe anderer brauchte. Wir hatten unsere Familie, die mittragen wollte und mit ihrer Unterstützung fand ich die Hilfe, die es mir ermöglichte, mein Kind bei mir zu be-halten. Ich lernte, dass es notwendig war, einen Teil mei-ner Aufgaben abzugeben.

Vieles wurde durch die Unterstützung anderer Menschen möglich gemacht. Ich konnte meine Kraft und Kreativität wiederfinden. Ich fand mehr Ruhe für mich und mein Kind und begann es anders wahrzunehmen.

Langsam verloren die normalen Maßstäbe für meinen Rijk ihre Gültigkeit. Ich hatte die Möglichkeit, mich auf die Welt meines Kindes einzulassen und entdeckte seine

Stärke und Duldsamkeit. Ich sah sein Vermögen, Stimmungen wahrzunehmen und vieles in mir wurde dadurch neu belebt.

Indem ich versuchte, Rijk die Welt zu erklären, begann ich sie nun selbst anders zu sehen. Die Landschaft, durch die ich ihn trug, gewann an Farben, Gerüchen, Geräuschen und Schwingungen. Ich begann sogenannte Kleinigkeiten wahrzunehmen, die ich vorher nicht gesehen hatte. Ich lernte mit Rijk inne zu halten, zu riechen, zu sehen, zu hören und vor allem zu schweigen. Ich entdeckte mit Rijk eine unbekannte Intensität, und erlebte, dass mein Kind, das als so schwer behindert bezeichnet wurde, mich in eine Ruhe hineinführen konnte, die mir Welten eröffnete.

Ich folgte seiner Langsamkeit, seiner Aufforderung, mich mit ihm im Zeitlupentempo auszutauschen und entdeckte in Rijk so viel Liebenswertes, Zärtliches und seine direkte, unverfälschte Art der Nähe.

Diese Erfahrungen konnte ich nun auch bei anderen Eltern behinderter Kinder sehen, sie davon erzählen hören. Sie beschrieben mir neben dem Alltag, der von unzähligen Schwierigkeiten gekennzeichnet war, ähnliche Erlebnisse.

Uns verbanden damit Gefühle, die ich anderen nicht erklären konnte.

Wir wussten, das unsere Kinder noch vieles lernen mussten, um sich in unserer Welt einzurichten, doch es wäre schön gewesen, wenn den Fähigkeiten unserer Kinder mehr Achtung geschenkt worden wäre, wenn mehr

Toleranz spürbar gewesen wäre, sie in ihrer Persönlichkeit anzunehmen. Die bedingungslose Attraktivität dessen, was als Normalität bezeichnet wird, wurde durch unsere Kinder relativiert.

Wir hatten Angst davor, dass sie ohne unsere Unterstützung irgendwann einer Gesellschaft ausgeliefert sein sollten, die den Zauber dieser Kinder nicht zu schätzen weiß, weil sie anderen Gesetzmäßigkeiten folgt. Ruhevolle Intensität und das unbedingte Verlangen nach Zuwendung haben wenig Platz in einer Kultur, die dem Prinzip des Durchsetzungsvermögens folgt.

Rijk wurde ständig als "armes Kind" bezeichnet, weil er nicht wie die anderen spielen und laufen konnte. Er wurde durch die sehr engen Vorstellungen von Glück und Zufriedenheit zu einem bedauernswerten Wesen gemacht und damit um seinen Reichtum betrogen.

Natürlich wünschte auch ich mir für Rijk bessere Möglichkeiten des Spielens, der Bewegung etc., aber ich erfuhr durch das tägliche Zusammenleben mit ihm, dass die Erfüllung meiner Wünsche und Vorstellungen nicht unbedingt nötig war, damit er zufrieden sein konnte.

Ich entwickelte eine regelrechte Abneigung gegen den Drang des Menschen, alles einordnen und bewerten zu wollen. Dieses Abwägen der eigenen Lebensqualität durch den Vergleich mit einem Menschen, dem es augenscheinlich schlechter geht als einem selbst, ärgerte mich.

Mit welchem Selbstverständnis wurde meinem Kind das Empfinden von Glück abgesprochen, nur weil es nicht so war wie die anderen? Manchmal fragte ich mich sogar, ob Rijk, ohne bewusste Absicht, dazu missbraucht wurde, der eigenen Normalität einen höheren Stellenwert zu geben.

Wie aber sollte ich in der Kürze eines vorbeifließenden Gespräches erklären, dass wir uns mit Rijk nicht mehr als bemitleidenswert empfanden? Wie sollte ich das beschreiben, was ich durch das Leben mit diesem nicht ganz perfekten Kind erfahren durfte?

Wir führten ein anderes Leben als die meisten Familien, waren deswegen aber nicht weniger glücklich. Unser Leben war von vielen Unbequemlichkeiten und Pflichten gekennzeichnet, die uns manchmal sehr belasten konnten, doch wir fühlten uns durch Rijk jeden Tag für unsere Bemühungen um das Vielfache belohnt.

Wir brauchten kein Mitleid, sondern Unterstützung.

Ich hatte mit Rijk eine Aufgabe, der ich einigermaßen gerecht werden wollte und damit war mein Tag ausgefüllt. Leider konnte ich ihm die mit der Behinderung verbundenen Einschränkungen nicht abnehmen. Aber ich konnte ihm als Mutter meine Liebe schenken, ihn begleiten, unterstützen und vieles durch ihn lernen.

Im Stillen war ich manchmal dankbar für die Chance, die mir durch mein behindertes Kind gegeben worden war. Nie hatte ich bis dahin geahnt, welche Kräfte in mir wohnten. Ich hatte an Achtsamkeit, Sensibilität, aber auch an Selbstvertrauen gewonnen und fühlte mich durch diese Erfahrungen sehr bereichert.

Ich hatte einen in mir vergrabenen Glauben an etwas Göttliches, Übergeordnetes wiedergefunden. Besonders, wenn ich mit Rijk draußen in der Natur war, ihn früh morgens durch unser Wäldchen trug, konnte ich über die uns umgebende Schönheit staunen und ich sagte meinen Dank, dieses so erleben zu dürfen. Wir waren Teil dieser Welt und ließen uns Zeit, sie in uns aufzunehmen.

Im Zusammenleben mit Rijk hatten wir inzwischen viele Menschen kennen gelernt, die mir sehr lieb geworden waren. Da waren die vielen Helfer, die regelmäßig kamen und sich engagierten. Da waren Anne, Ina, Gisela, später Birgit, Sylvia und Renate. Sie kamen, um in gemeinschaftlichem Tun etwas Positives zu bewirken. Ihr Engagement und ihre Anteilnahme imponierten mir täglich. Ich war durch Rijk von Menschen umgeben, die zu geben verstanden. Entgegen aller Unkenrufe, die den wachsenden Egoismus beklagten, war unser Haus zu einem Treffpunkt der Hilfsbereitschaft geworden.

Rijk schien menschliche Stärken an sich zu ziehen. Er entlockte uns allen gemeinsam das, was im Leben wirklich zählt: Toleranz, Achtung und die Freude daran, füreinander da zu sein.

...und er konnte mit den Flügeln der Liebe gehen

Begleitet von diesen Gedanken lebte ich mit einem wachsenden Gefühl der inneren Stimmigkeit.

Dann, eines Morgens, kurz nach seinem fünften Geburtstag, erwachte Rijk plötzlich nicht mehr aus seinem Schlaf.

Er hatte mich nicht gerufen, nicht geweint. In Ruhe und Frieden verließ er unsere Welt, hatte einfach aufgehört zu atmen, während ich schlief.

Ich war wie gelähmt und konnte dieses endgültige Gehen nicht begreifen. Meine Arme fühlten sich entsetzlich leer an ohne ihn. Ich konnte nicht verstehen, wieso er gerade jetzt, wo es uns doch endlich besser ging, wo unser gemeinsames Leben doch gerade erst angefangen hatte, gehen musste.

Verbittert ging ein Teil meines Selbst mit ihm, in eine Zwischenwelt. Nachts war ich Rijk ganz nah. Ich sah, fühlte und erlebte ihn in meinen Träumen.

Wir ließen uns drei Tage Zeit, um ihn gehen lassen zu können. Freunde kamen und nahmen auf ihre Weise Abschied. Der Raum, in dem Rijks Körper aufgebahrt war, umgab mich mit einer wohltuenden Stille. Ich saß bei meinem Kind in dieser Halbwelt, bewachte sein Gehen und betete zu meinem Gott, dass er es behutsam auf seinem jetzigen Weg begleiten möge.

Wir erinnerten uns an verschiedene Situationen, sowohl an die schrecklichen Augenblicke, aber vor allem an die schönen, glücklichen Momente, die uns mit ihm geschenkt worden waren. Rijks Lächeln, seine Laute der Zufriedenheit, das Gefühl, wenn er seinen Kopf an meine Schulter lehnte, breiteten sich in mir aus. Ich spürte, dass das, was uns verband, in mir bleiben sollte, auch wenn seine äußere Hülle gehen würde. Langsam glaubte ich zu verstehen, dass Rijk mit den Flügeln der Liebe in den Himmel, in die Ewigkeit oder in sein nächstes Leben emporsteigen konnte - und ich war froh, unglaublich froh, dass ich ihm diese Liebe hatte geben können.

Er durfte gehen, ohne von mir durch das Gefühl der Verbitterung gehalten zu werden. Ich konnte ihn übergeben und in mir blieben die guten Momente.

Ich konnte sein Sterben, wir nannten es später seine Himmelsgeburt, akzeptieren.

Zwei Tage nach seinem Tod schrieb ich nachts ein paar Worte, die für Rijk bei der Trauerfeier in der Kirche gesprochen werden sollten:

"Rijk, der unsere Sprache nicht sprechen gelernt hat, dafür aber seine eigene entwickelte, mit der er zu uns Eltern und zu all seinen anderen Lieben sprach, hat in seinem Erdenleben erfahren dürfen, was Liebe und Achtsamkeit bedeutet.

Wir als Familie haben alles versucht, um ihn trotz seiner Krankheit glücklich werden zu lassen. Meinen innigsten Dank an all die, die uns dabei geholfen und unterstützt haben.

Ich spüre, dass Rijk seine Aufgabe als kleiner Mensch hier erfüllt hat. Er hat Menschen zusammengeführt und tief bewegt. Er hat uns das Großartige im Kleinen sehen gelehrt und uns Werte in Frage stellen lassen. Und er hat uns gezeigt, wie kraftvoll und stark Liebe sein kann, die als einzige ewig ist.

Ich weiß mein Kind in guten Händen. Haben wir ihn hier auf Erden umhüllt, so spüre ich jetzt, dass Rijk von einer anderen Macht umhüllt wird, die ihn trägt in eine Welt, die man in menschlicher Sprache als Paradies bezeichnet. Ich sehe Rijk vor mir, wie seine Augen sagen: "Mama, es geht mir gut, ich bin frei und habe all eure Liebe als Kraft bei mir."

Es ist für mich unendlich schwer, ihn nicht mehr in meinen Armen halten zu dürfen, aber ich spüre seinen Frieden.

Ich will meine Trauer tragen lernen und bin dankbar für die glücklichen Tage, die mir mit Rijk, unserem süßen, süßen Sohn, geschenkt wurden."

Wünsche

Ich habe in den letzten Jahren oft über unseren Weg nachgedacht und dabei versucht, das zu verstehen, was mit uns durch die Geburt Rijks passiert ist.

Dass ein Kind so schwer behindert ist wie Rijk, kommt selten vor und insofern mussten wir lernen, mit dem Extremen zu leben.

Trotzdem ist es aber bei allen Familien mit behinderten Kindern so, dass sie ihren persönlichen Weg bei der Begleitung des Kindes finden müssen. Sie sind dabei auf ihre Kraft und Kreativität angewiesen, mit der sie eine neue Lebensqualität aufbauen können.

Dazu benötigen die Eltern die Unterstützung der Familie, der Freunde und Bekannten, der Ärzte, Therapeuten und der sozialen Einrichtungen.

Jeder kann etwas für ein behindertes Kind und dessen Familie tun, indem er sich ihnen zuwendet, Kontakte aufrechterhält oder sich z. B. anbietet, das Kind für eine Stunde, einen Abend, einen Tag oder sogar ein Wochenende zu betreuen - und er wird sehen, dass diese Achtsamkeit nicht nur im Geben, sondern auch im Nehmen mündet. Nicht nur das behinderte Kind kann von uns lernen, sondern auch wir von ihm. Es kann uns in Bereiche entführen, die wir verlernt haben zu sehen.

Bezüglich der Krankenkassen hoffe ich, dass sich einiges im Umgang mit den betroffenen Familien geändert hat. Vielleicht haben wir aber auch diesbezüglich ein Extrem erleben müssen.

Ich weiß, dass viele Ärzte sich wirklich bemühen, Familien mit behinderten Kindern die notwendige Unterstützung zukommen zu lassen. Sie sollten bei ihrer Arbeit, besonders im Bereich der Betreuung der Eltern, von Psychologen und Pädagogen unterstützt werden, um die Familien beratend begleiten zu können.

Im Bereich der therapeutischen Begleitung des Kindes gibt es inzwischen viele Möglichkeiten. Ich hoffe für alle Eltern, dass ihnen eine kooperative Zusammenarbeit mit den entsprechenden Fachkräften ermöglicht wird. Anstatt einer Abgrenzung der einzelnen Therapien voneinander wäre eher eine Öffnung und Zusammenarbeit wünschenswert. Vielleicht wird es dann leichter, unter Einbeziehung dessen, was den Eltern möglich ist, einen individuellen Therapieplan für das einzelne Kind zu entwickeln.

Die Arbeit der sozialen Einrichtungen halte ich für sehr wichtig, wenn es um die Betreuung eines behinderten Kindes geht. Ich wünsche den Familien, dass sie hier wie wir auf engagierte und einfühlsame Menschen treffen, deren aufopferungsvolle Arbeit nicht ständig durch weitere finanzielle Einschränkungen behindert werden sollte.

Ich glaube wirklich, dass die Geburt eines behinderten Kindes ein Aufruf an alle bedeutet, unsere Kraft und unsere Liebe zu diesem Leben zu entfalten. Jeder sollte dafür das tun, was in seinen Möglichkeiten liegt, um so an dem Schatz teilhaben zu können, den diese Kinder in sich tragen.